生命的智慧

生命里没有什么是永恒不变的，
一切都会过去，
这是事物发展的必然规律。

shengming
de zhihui

生命与生活，
一个是有限，一个是无限。

泓露·沛霖◎著

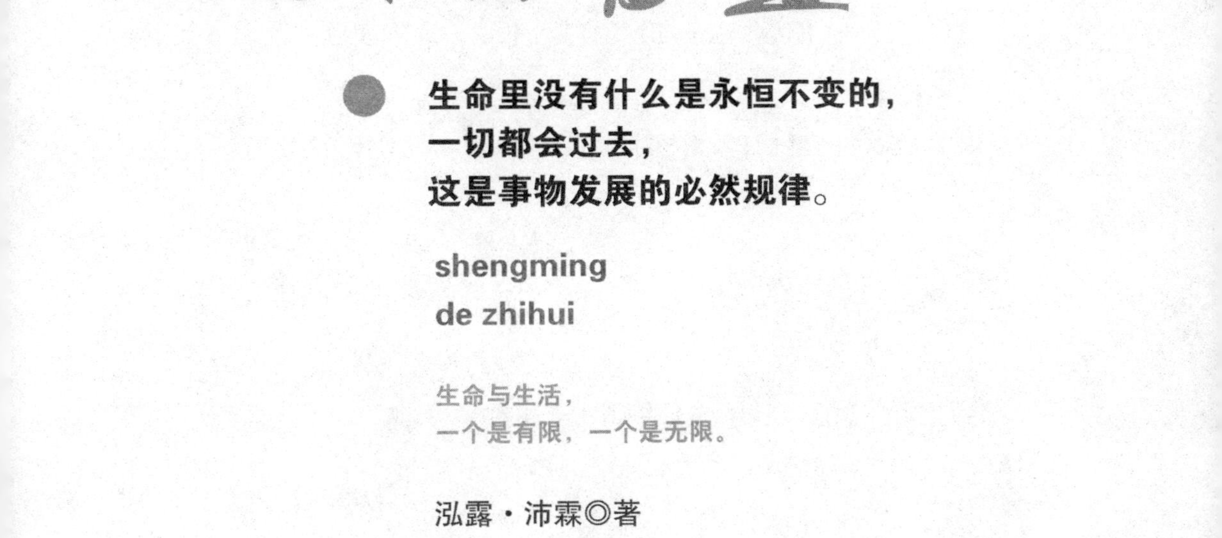

在大智慧中感受生命　在生命中体验智慧

生命多少用时间计算，生命的价值用贡献计算。

珍藏本

Public class West Point

中国商业出版社

图书在版编目（CIP）数据

生命的智慧 / 泓露·沛霖著. -- 北京 : 中国商业出版社, 2014.9

ISBN 978-7-5044-8392-8

Ⅰ. ①生… Ⅱ. ①泓… Ⅲ. ①生命哲学—通俗读物
Ⅳ. ①B083-49

中国版本图书馆CIP数据核字(2014)第034123号

责任编辑：姜丽君

中国商业出版社出版发行
010-63180647　　www. c_cbook. com
(100053　北京广安门内报国寺1号)
新华书店总店北京发行所经销
北京凯达印务有限公司印刷
*
720×1000毫米　16开　19印张　200千字
2014年12月第1版　2018年6月修订第1次印刷
定价：46.80元
* * * *
(本书若有印装质量问题，请与发行部联系调换)

前　言

在大智慧中感受生命

生命里没有什么是永恒不变的，一切都会过去，这是事物发展的必然规律。

普希金说：一切都是暂时的，转瞬即逝。不要为暂时的失意而气馁，也不要为一时的成功而疯狂。身处顺境时，要学会惜福与感恩；身处逆境时，要学会坚忍和等待，逆境只是暂时的，因为，一切都会过去。

生命与生活，一个是有限，一个是无限。对于每一个有生命的个体，从他出生的那一刻，直到他死亡的那个瞬间，生活都不曾离开过他的左右。他们从始至终都在与生活进行着抗争，有的人会将奋斗进行到底，而有的人会对它妥协，还有的人就在奋斗与妥协的边缘徘徊。生活中缺陷总是存在的，有太多的人想追求完美。然而又有几人做到了真正的完美呢？用不过分追求完美的平和心态去尽力完美地做好每一件事情，你定会感觉到生活是如此的轻松与惬意，更能够很容易发现，生活中许多美好的事物就在我们身边。生活给了你明亮的眼睛，让你去寻找光明与希望、幸福与快乐。有这样一个故事：

很久以前，有一个技艺精湛的老玉匠，希望有人能够把他的手艺学会，并且发扬光大，于是，他收了三个徒弟。经过六年细致耐心的传授以及弟子勤奋刻苦的学习，老玉匠想考察一下他们的学习成果。

经过仔细思考，终于在一天夜里，他把三个徒弟叫到跟前并且交待说："有一块没有任何缺陷、毫无瑕疵的美玉在崇山峻岭的深处，它是一块无价之宝。你们学艺多年，是检验你们的学习成果的时候了，你们也应该去成就自己的一番事业了，去找那块没有瑕疵的美玉吧，找不到就不要回来见我。"三个徒弟第二天清早就踏上了寻找美玉之路，向深山进军。

大徒弟是一个非常执著的人，并且注重生活实际，他在途中，偶尔会发现一块有些瑕疵的玉石，也会发现一些成色质地粗糙但是形状很特别的玉石。每每于此，大徒弟都会很细心地将各种玉石归类并且一一放到包裹里面。四年后，已经到了他和师弟们约定回家的日期。当他看到满满的行囊里有各种各样奇形怪状、颜色不一、成色不等的玉石和一些充其量只是"奇石"的东西时，心里还是有一种失落感，担心师父不会让他进门，因为他根本就没有找到师父所说的最为完美的玉石，但是他很想念自己的恩师，即使被师父训诫，他也要回去。同时他的心里也有一种满足感，在他看来，这些玉石也很美，虽然没有达到极致的完美。

这个时候他看到两位师弟，可是他们都两手空空，什么也没有拿到。只听小师弟说："你这些东西都不过是很一般的东西，外人可能会认为是宝贝，但并不是师父要我们找的绝世珍品，拿回去师父也不会满意的。"他继续说道，"我不回去，师父说过，找不到绝世珍品就不能回家，我要继续去更远更高更险峻的山里去寻找，我一定要找到绝世的美玉。"二师弟和小师弟的意见一致，于是玉匠的大徒弟一个人带着他的那些玉石回去见师父了。当他把自己的成果交给师父看时，师父脸上露出了笑容，一扫大徒弟往日的担心。

于是他又把两位师弟说的话传达了一遍。师父听了以后叹了一口气，说道："你的师弟不会回来了，他们俩是不合格的探险家。如果他们幸运的话，能够中途醒悟，明白至善至美是不存在的这个道理，是他们的福气。如果他们不能够醒悟，便只能付出一生的代价了。"

不久后，大徒弟开了一家宝石店。经他加工的玉石，每一块都价值连城，堪称无价之宝，皇宫里的贵族都找他买玉石，可想而知他的知名度和财富是何其可观。短短几年过后，大徒弟的玉石馆已远近闻名，在他寻找到的玉石中，有一块经过加工，成为不可多得的极品，被国王用作了传国玉玺，大徒弟也因此成了倾城之富。

又经过三年，二徒弟回来见师父，他只找到了几颗玉石，但是却费了很多的心力，师父见过后，面带笑容，为他的醒悟感到庆幸，同时也为小徒弟而惋惜。

又过了很多年，师父的生命已经奄奄一息了。大徒弟和二徒弟对师父说要派人去寻找师弟。

师父说，不要去找了，经过这么长的时间和失败都不能够使他醒悟，这样执迷不悟的人，即使回来了又能够做什么事情呢？世界上并没有完美的玉，也没有完美的人，为追求这种东西而耗费生命的人，何其愚蠢啊！

这个世界上根本就没有最为完善和完美的生活。只要我们认真地过好每一天，认真地做好每一件事，把每一个小小的收获都精心地收藏就好。最为优质的生活，不是最为完美和完善的生活，而是努力地将自己的生活过得完美和完善的那个过程。单纯地追求完美的优质生活，那就会和故事中的小徒弟一样，不仅徒费工夫，而且是空耗生命。最后，不仅什么也没有得到，还会落入“白了头，空悲切”的境地。

生命无常，人生有变，斗转星移，沧海桑田。生命在改变，生活在改变，一切都在改变。所以，悲观失望时，不要自怨自艾，春风得意时，不要忘乎所以。随遇而安才能成就自由自在的生命状态，因为它顺应了“一切都会过去”的生命法则。

在生命的法则里，不要忘记，生命是一个永无休止的历程，我们不应该过多地同情自己，原谅自己。

不要忘记，即使你活得很长，生命还是很短暂的。在生命的历程中，你唯一可能后悔的就是没有给予他人足够的善意。

目　录

第一章　面对生命

我们的生命只有一次，但我们如能正确运用它，一次足矣。

——英国谚语

第二章　种植生命的种子

自然赋予人们的不调和还很多，人们自己萎缩堕落退步的也还很多，然后生命决不因此回头。

——（中）鲁迅

第三章 寻找生命的力量

一个人的性格决定他的行为，一个人的行为决定他的命运，而内在的力量可以改变一个人的性格！用内在的力量成就完美的一生。

——（中）张其金

第四章 寻找生命的灵光

生命是一支越然越高的蜡烛，是一份来自上帝的礼物，是一笔留给后代的遗产。

——（美）惠特曼

第五章 掌握生命中的法则

当我们误用生命的时候，生命并无价值。

——（英）狄更斯

第六章　生命的精神再现

在这个竞争激烈的年代，要想不被社会所淘汰，我们必须要不断地完善自己，攀上生命中一座又一座高峰。在全面认识自己，了解自己之后，我们要做的就是对症下药，减少自身的短板，强化自己的优点，扩大知识面，选择对工作有价值的进修，拓展社交关系，慢慢地达到完善自身的目的，这样我们才能完成自己的使命，我们的生活才更有价值，才不辜负上天赐给我们的这次生命。

——（英）狄更斯

第七章　完善自己，挑战生命

生命不可能有两次，但许多人连一次也不善度过。

——（法）吕凯特

第八章　生命的内在力量

没有比生命更宝贵的东西，生命想像不到的短暂。

——（法）杜伽尔

第九章　主宰自己的命运

一个伟大的灵魂，会强化思想和生命。

——（美）爱默生

第十章　改变生命的力量

> 生命如同寓言，其价值不在于长短，而在于内容。
>
> ——（古罗马）塞涅卡

第十一章　激发生命的能量

> 生活的道路一旦选定，就要勇敢地走到底，决不回头。
>
> ——（法）左拉

第一章
面对生命

我们的生命只有一次，但我们如能正确运用它，一次足矣。

——英国谚语

生命的源起

无论你相信人类是起源于50万年前的古代猿人还是来自造物者的意志都不重要。在任何一个假设中都需要一个起因，即一个创造者。一定有某种力量将第一个生命萌芽带到这个地球上，无论生命是从最低级的植物形态开始经过无尽岁月最终发展成现在的高级文明，还是整个世界在“6天”之内被创造出来，其创造性都令人惊奇。最开始，地球只是一个火团——究竟源自6000万年前抑或10亿年前有何重要?

真正重要的是，在某个时刻、通过某种方式，生命萌芽来到了这个地球上，随之而来的还有赋予植物、动物和人类等所有自然生物以生命力的生命法则。如果接受科学家们对此的观点，我们可以认为出现在地球上的第一种生命形式是结构简单的藻类，一团漂浮于水面之上的果冻状物质。据科学家所言，这便是生命在地球上的起源。

继之而来的是第一种动物——低等的变形虫，一种单细胞、无脊椎、水母类生物，除上述三点外，其与周围的水并无差别。但它具有生命——第一种动物形式的生命。而且，据科学家所言，今天我们身体的所有组成部分以及我们的生命本身都源自这一生命。其后出现的几百万种植物和动物的形式、体态和种类都只是生命为适应不同环境而表现出的不同形式。几百万年来，这一“生命萌芽”受到过各种灾难的威胁：洪水、地震、干旱、沙漠酷热、冰雪严寒、火山爆发。但对其而言，任何一种新的危险都只是促使其寻找新资源、使生命展现新形态的动力而已。

为满足某种需要，生命以恐龙的形态出现，为满足另一种需要，它又变为蝴蝶的形态。在其以人的形态出现以前，它早已经历了无数种生命形态。为避开水中的危险，它来到陆上；为避开陆上的攻击，它又翱翔于空中；为在海中呼吸，它长出了腮；隅于陆地时它又完善了肺；为应对某种危险，它长出了壳；为了应对另一种危险，它则长出了刺；为抵御冰雪严寒，它长出了毛皮；在温暖的气候中，它长出了毛发；而为了适应冷热交替，它又造出了羽毛。从一开始，生命便展现出了其适应不同环境、满足不同生命需求的巨大力量。

如果这种“生命意念”有可能被泯灭，在大火和洪水、干旱和饥荒快速交替的久远岁月里，它定然已经消逝了。但障碍、不幸、灾难对其而言，都只是展示自身力量的新机会。事实上，它需要障碍来将其唤醒，让其展现自身的力量和资源。

巨大的爬行动物以及古代的巨兽已经逝去，但“生命法则”依然存在，且随年代的变迁而变迁，总在不断发展，不断进步。

无论是何种力量将这一“生命意念”带到地球之上，这种意念都已被赋予了无穷的资源、无穷的能量、无穷的生命力！任何一种别的力量都无法将其击败。任何障碍都无法令其退缩。透过生命和人类的整个历史，你能清楚地看见其指导性智慧——叫它天性也好，叫它远见也好，随你怎么称呼——不断应对各种生命需求。

以古代的高卢人为例，人类可以分为三个部分：

第一部分：这类人像动物一样，只有着极其简单的意识、生活和行为。他们只是简单地存在着，除此之外，没有别的意义。

第二部分：这类人有着强烈的自我意识。其包括大多数层次较高的人。他们有理智，能学习、工作，会快乐、悲伤。但他们完全依靠自身的努力来达到他们的愿望，并屈服于能力之外的环境和条件。他们觉得，生活就是竞争。

第三部分：这类人具有直觉和高级意识状态，这种状态被耶稣称为“我们内心的天国”。

天国，是一个神奇的概念。

“天国就在你心中。”天堂并非遥远的国度——历尽数年磨难的回报。天堂就在此处——此时！天堂意味着我们获取幸福、美好及所有生活所需事物的力量存在于我们每个人心中。

大部分人都未认识到，没有发现这个天堂的存在正是很多人沉陷疾苦，更多人备尝贫穷与担忧的原因。我们被赋予了克服这些邪恶的力量，如果我们未能找到解决之道，错在我们自己，要享用我们心中的这个天堂，要在此时此刻开启我们的不朽生命，你只需对我们身体内的力量有更深入的了解。

即使现在，仅凭我们有限的知识，在不必借助包含我们真实想法，真正力量的内部世界的情况下，我们都能达到控制环境改造世界的程度。如若依靠这个内部世界，我们将找到一切问题的解决之道，找到一切事物的起因。找到它，所有一边、所有的所得都在你的掌控之中。

生命的意义

生命并不是像表面看上去的那样——简单地从无到有再到无的浅显过程，而是一个逐步深入、持续升华的多层次的复杂过程。我们从外在世界所获得的一切，包括财富、健康、人际关系等，都是我们在内心世界早就已经拥有了的。

在一个黑夜里，几个部落的主要人物聚集在简陋的会堂里召开秘密会议，四面透风的会堂是用覆盖着兽皮的树脂搭起来的。一位早年到英国的基督教传教士正在向众人说着什么，他滔滔不绝地说着上帝，说着耶稣基督，描述着未来的美好生活。

就在他刚讲完的时候，一只大鸟突然猛扑过来，在众人的头顶振翅盘旋了一会儿，又消失在远处的黑暗中了。

众人都默默不语，心中充满了敬畏和感动，这时一位年老的首领站了起来。

他说："你告诉我们上帝，可我们相信另一位神。你告诉我们一个正直和顺从的人死后会升上天堂，可我们相信一个勇敢和公正的人死后会去瓦尔哈拉神殿。但谁又曾从死后的世界回来，告诉我们哪个是对的？生命就像刚飞过的那只鸟，它从何处来，没人知道。它和我们一起待了一会儿，然后又不知飞到哪里去了。你能告诉我这是怎么回事，我们在世上是为了什么吗？"

生命的意义是什么？这是一个十分古老的问题。从人类刚刚诞生的时候起，人们就开始思考这个问题，然而，一直以来都没有令人特别满意的答案。

但我们可以肯定一件事，我们是为成长、进步来到这个世界上的。我们可以从整个历史、整个自然界和整个生命中的每一方面找到这个论点的证据。每当一个民族变得骄傲自大时，每当一个人或团体在自己周围筑起高墙，将新思想拒之门外的时候，每当一棵植物停止生长的时候，它就注定会腐朽和灭亡。我们必须进步，否则就要灭亡，不存在原地不动的情况。时间不停地流逝，我们必须赶上它的脚步，不然很快就会灭亡。

著名科学家迈克尔·普平教授在一次访谈中说道："科学发现一切事物都在不断发展。它解释了人作为一种有灵魂的生物，不断成长、进步，不断显示出神性。"

为何而生？绝大部分人会这样回答：为了工作，为了衣、食、住、行的方便和舒适。正因有这样的需求，我们才对明天的工作充满力量，而大部分人也就只能得到这些。工作、吃饭、睡觉，再工作、再吃饭、再睡觉……一个无尽的循环，我们的生活就是这样吗？这值得我们为之而努力一生吗？我们还需要为未来的生活做些什么准备？

假设你送儿子去一所大学预科学校，学校没有教他大学入学的必修课程，而只是教他怎样做木工、瓦工或别的日常体力活，那么你认为这所学校作为大学预科学校会怎么样呢？

我们现在的生活可以看做是未来生活的准备阶段，就像一所预科学校一样。你在学校学习希腊文，不是你期望什么时候可以说它，甚至也不是因为英文的一些单词是从希腊文演化而来的，而是因为学习它给了你知识，也让你的头脑得到了训练。即使只有不到百分之一的大学生将来会用到最简单的算术，但理工科的大学生却都必须学习高等数学，这就是为了训练头脑和获得知识。

我们在这个世界上的一些经历明显没有什么用处，也没给我们带来任何好处。我们克服种种困难，一路艰难地走过来，但在这个过程中我们却获得一样最为珍贵的东西，那就是高贵的品质。

普平教授说过这样的话："这个广阔宇宙发生的每一件事只有一个目的，就是为了人类灵魂的成长。"

会计、设计、力学、法律、商业，这些没有一样能为我们带来好处，而是对它们的使用提高了我们的感知能力，而感知能力对我们是无比重要的。

将我们现在一般的业余爱好看作为未来生活所做的准备，就好像是把一个除了熟练盲打而别的一无所知的人留在亚马孙的热带雨林中，任其生死一样。如果他只会盲打，而没有别的技能，那么他的处境就十分危险了。

但一个愿意或想要被重用的人，却能从学习盲打或其他工作中学到更多。出色完成一项工作，能使我们获得耐心、毅力、诚实等品质，这些品质用一个词来概括，就是"服务"自己。

它不仅在巴西的荒野中适用，在任何地方都同样适用。这种总是寻找最好、最有效的方式去"服务"他人，使世界因自己的存在而更美好的心态，使我们所有人都能共同进步和享受快乐。

生命的腺体

“生命之桥”是肉体再生的象征符号，一直被用在歌曲、戏剧和小说中。帕拉塞尔苏斯、莱克格斯、毕达哥拉斯、瓦伦丁、瓦格纳，以及古往今来的很多智者，都曾与这个如同“斯芬克斯之谜”一样神秘的东西吟唱他们那伟大的史诗。我们知道，在斯芬克斯的卷轴上写着：“要么给我答案，要么去死”这句话，或许真正的答案就隐藏在我们的身体里。正是身体里的一些腺体，控制着我们的身体和思维的方式，以及人体的新陈代谢。这些腺体支配着重要的生命机能和身体中重要器官的运作。它们提供了内分泌（荷尔蒙），正是这些内分泌决定了我们的身体是高还是矮，是仪表堂堂，还是相貌平平，是聪明还是愚钝，是乖戾还是温顺。

世界上最伟大的思想家之一威廉·奥斯勒爵士说：“人的身体就是一个由细胞组成的嗡嗡叫的蜂房，所有细胞都受大脑和心脏的控制，都依赖于一种叫做‘荷尔蒙’的物质（由一些很小的、看上去很不起眼的组织所分泌出来的），它们给生命提供着养料。若是摘除喉结下的甲状腺，就剥夺了能使人的思想引擎得以运转的润滑剂，像切断发动机的油路一样，人的大脑里储藏的知识将不能再被利用。如果人一直这样，不出一年就会陷入痴傻的状态。他身体的正常活动也会停止，头发脱落、面部肿胀，原本十分健康的人变成一个可笑的痴呆角色。”

人体有几种主要腺体：脑垂体、甲状腺、肾上腺、松果腺、胸腺、胰腺和性腺。所有这些腺体控制着身体的新陈代谢，支配着所有的生命机能。脑垂体是一个很小的腺体，在大脑中央附近，靠近头骨，位于第三脑室下部。它的分泌液在调动碳水化合物、维持血压、刺激其他腺以及维持交感神经系统的正常上，起着十分重要的作用。甲状腺体位于颈下，两侧向上扩展，略呈半圆形。甲状腺分泌液在调动蛋白质和碳水化合物方面都具有很重要的作用，它刺激其他腺体、帮助抵抗细菌、病毒感染、影响头发的生长及消化和排泄器官的功能。无论是在身体的哪一方面，还是在精神的机能上，它都是一个无比重要的因素。稳定而均衡的甲状腺能确保人的心智和身体获得积极、有益的协调和平衡。

肾上腺位于腰部。这一器官有时被人称作“美腺”，因为它们的功能之一就是产生适量的分泌液和供给保持身体的色素。肾上腺分泌液在其他方面的作用更为重要，它们是交感神经系统的递补剂，因此也是肌肉、心脏和动脉的滋补剂。这些腺体还能够对某些情绪刺激作出反应，增大分泌量，扩大整个系统的能量，从而有效应对突发状况。

松果腺是一个很小的圆锥形结构，位于第三脑室的后面。人们很早就认识到了松果腺的重要性，称之为“精神的中心”，位于脑袋后面接近头顶的地方。胰腺位于腹膜的后面，紧挨着胃部，胰腺帮助人们消化，当它没有恰如其分地发挥作用的时候，就会产生过量的糖，导致糖尿病及其他严重疾病的发生。胸腺位于甲状腺的下方，通常人们认为它只对孩童产生重要作用，但是有一些人认为胸腺的退化是早衰的原因，现在人们正在研究这一问题。性腺位于腹腔的下部。性腺使生命得以创造和延续，当这些性腺的分泌液没有被用于生殖时，它们就会注入到细胞的生命中，使能量和活力得以补充和更新。如果它们没能正常地发挥作用，就会出现抑郁和虚弱。甲状腺控制着消化系统和身体活力，肾上腺决定着人的精神力和雄心，而性腺则决定着那些彰显青春和活力的分泌液。

这就很清楚地表明，如果我们能够找到什么办法，让这些性腺继续发挥作用，那我们也就能够在一定程度上恢复我们的健康、力量和青春。

我们已经知道，来自太阳的光线可以分为七种不同的颜色，它们又通过脊柱的神经丛进入了人体系统，如今我们再次发现，来自太阳的能量被带向了身体中的七个主要的腺体，它们支配着生命的主要功能。然而遗憾的是，一般的窗户玻璃是吸收紫外线的，而对于维持健康和活力，紫外线又是必不可少的。很少有疗养院和医院装配石英玻璃窗户，因为这种玻璃阻挡紫外线进入。

只有当腺体得到我们迄今为止一直缺失的紫外线的补充的时候，才会产生非凡的活力——精神的活力和身体的活力。事实上，我们已经知道胆固醇可以通过紫外线的照射转化为各种衍生物，很可能其他的物质也可以用同样的方式来激活。除此之外，我们还发现红外线其实也是一种非常有效的治疗手段，可惜的是我们身上的某些衣料却是被用来过滤这些红外线的。

细胞是人的基础构成

智能被赋予到每个细胞，帮助自己完成复杂的劳动，如同一个奇迹。在涉及精神化学的奇迹时，我们必须记住这个事实：细胞是人的基础。

我们已经知道细胞为了实现特殊的功能而被聚合成系统和群组，对于身体的生命与表达，这些功能都是不可或缺的，正如器官与组织所发挥的功能一样。疾病预示着器官的功能。某些系统或群组由数量巨大的微小细胞组成，一旦开始出现变化就会变得彼此间不和谐，由此影响整个生命体的节奏。单个器官或系统也因此放弃跟身体其他部分的协调，给身体造成严重的损害。疾病就是这样产生的。

在任何联合中，行动的效率与协调一致，都取决于其中枢管理机构所具备的力量和决心，一旦维持这些的条件失败，那么整个机构就会冲突与混乱。只有部分为整个生命体协调一致、统一行动，才会有健康与效率。当发生不协调时，疾病便会来临，健康就会被吓跑。

众多活生生的个人组成了一个民族，众多活生生的细胞组成了人体。同在一个国家，公民在田野、森林、矿山和工厂从事不同的工作；有的人管理仓库，有的人跑运输，也有的人在商店或者是银行里，有的人做管理工作，有的人从事保护工作。但不管是什么人，构成身体的细胞都具有相同的功能，有些细胞从事生产，譬如嘴、胃、肠、肺，给身体提供食物、水和空气；有些细胞从事公共管理，譬如大脑、脊髓、神经；有些细胞从事供应分发和废物排除，譬如心脏、血液、淋巴、肺、肝、肾、皮肤；有些细胞则忙于保护，譬如白血球、皮肤、骨头、肌肉；还有些细胞则担负着繁殖的功能。

一个国家的活力和福祉，归根结底要依赖于其公民的活力、效率与协作精神，身体的健康与生命力也依赖于无数的细胞之间的活力、效率与协作。

在《细胞智能》一文中，内尔斯·奎里清楚地表达了这样一种观点："人的智能就是他的大脑细胞所拥有的智能。如果说人是有智力的，他依靠自己的聪明才智，使用一些工具完成了像房屋与铁路这样的建筑，那么，当细胞指挥大自然的力量实现了我们在植物和动物中所看到的那些建筑时，为什么不能说细胞也是有智力的呢？细胞并不是在任何化学或机械的外力压迫下行动的，它根据自己的意志和判断而采取行动，是一个独立的、活生生的动物。"柏格森在他的《创造进化论》一文中从物质和生命中似乎看到了一种创造性的能量。如果我们站在远处注视一幢摩天大楼腾空而起，那么我们就会认为在它的背后必定有某种巨大的能量在推动着这幢建筑，而且如果我们没有近到足以看见正在干活的建筑工人的话，我们一定会认为是某种巨大的力量创造了这幢摩天大楼，除此之外不会有其他的想法。

如果说细胞也像人一样经历过社会组织与进化的过程，那它其实就是像人一样有智力的生命。当身体表面有损伤或被擦伤时，会发生什么呢？白细胞或者所谓的白血球，就会成千上万地牺牲自己，以保住身体。它们在身体中完全自由地生活，不跟随血液随波逐流（除非是在忙乱中被带到某个地方），而是作为独立的生命到处走动，留心自己不出错。一旦发生擦伤或割破身体表皮的事情，它们立刻就会得到信息，立刻涌到伤口附近，开始修复工作，如有必要还会改变自己的职业，以承担不同的工作，为把组织凝固在一起而制造结缔组织。几乎在每一个伤口上（无论是擦破的还是被割开的），都有不计其数的白血球在修复和愈合伤口的工作中英勇献身。一本生理学的教科书曾简明扼要地提及这种情形：“当表皮受伤时，白细胞会在表皮上形成新的组织，同时上皮细胞则从伤口边缘开始蔓延，停止生长，直到完成愈合。”

在大脑和神经系统中，细胞根据它们需要实现的特殊功能而聚合起来共同行动。我们的视觉、味觉、嗅觉、触觉和听觉正是以这种方式发挥作用，也正是以这样的方式才得以拥有记忆力，才能回忆过去等事情。

爱迪生说，我相信我们的身体是由无数个生命单位组成的。我们的身体本身并不是生命体或某个生命单位。用轮船来打个比方。轮船本身并不是有生命的东西，船上的人才是活的。如果它沉没了，人都逃走了，当人们离开这艘船的时候只不过意味着“生命单位”离开了船。同样，一个人并不因为他的身体被埋葬了就死掉了，而只是生命的本原，也就是“生命单位”离开了他的身体，但是属于生命的每一样东西依然活着，不可能毁灭掉。属于生命的每一样东西依然服从于动物生命的规律。我们有无数的细胞，身体正是这些细胞的栖息地，那些连显微镜都看不见的栖息者，赋予了我们的身体以生命。

假如精神和身体的状态很好，其原因就在于这些不同的神经细胞群彼此之间的完美配合与合作。在正常状态下，正如我们作为细胞系统一样，自我控制所有这些个体细胞和细胞群，协调合作、统一行动。

细胞其实就是一种高度组织化和专门化的动物。以一种被称为

“阿米巴”的单细胞动物为例，它没有组织器官，可以制造淀粉，遇到紧急情况时总给自己裹上一层盔甲来保命。还有一些细胞则携带一种被称做“色素胞”的组织，借助日光从泥土、空气和水里的天然物质中制造养分。从这些事实里，我们可以知道，细胞是一种高度组织化、专门化的个体，以生命的观点来看，生命物质和力的原理都一样，一块石头从山上滚下跟一辆汽车在平坦的公路上移动也一样。一个是在地心引力下被迫运动，一个则是依靠能源燃烧的能量在运动。生命（像植物和动物）的建筑，建造的物质取自泥土、空气和水，正如人类所建造的建筑（像铁路和摩天大楼）一样，这个事实让我们清楚地知道细胞也是一种有智力的生命。

原来身体中并不存在什么特殊中心进行智力活动。每个细胞几乎都相当于一个智力中心，不论它在什么地方，也不论我们在哪里找到它，它都知道自己的职责。在细胞这个国度里，每个细胞“公民”都是一个独立的智力存在，全体细胞公民为了人的身体正常运行而努力工作。个体细胞可以为大家的普遍利益而牺牲自己，这样的结果在其他任何地方都无法找到，也不可能以任何其他方式来获得，更不可能以代价更小的个人牺牲来获得，它对于社会生存是必不可少的。个体可以为了共同利益而作出牺牲，这样的原则被普遍认为是正确的和不可撼动的，是属于大家的共同的责任，赋予给每一个个体，在这种默认下，它们置自己的个人安危于一旁，尽心履行属于自己的工作职责。

推动生命中的力量

什么是生命中最强大的力量？又是什么使那些拥有它的人从社会最底层成长为世界首富，从被歧视的群体上升到统治者的地位呢？答案就是：在寻求确定的生存和安全的推动力过程中所蕴含的强大力量。

这股力量如同拿破仑信奉实力能确保胜利一样，你也要相信“生命法则”存在于你的每一个行动之中。如果知道有一种无往不胜的力量伴随在你身边，你大可成竹在胸地相信它在你身上决不会失效。这种力量克服重重困难将你塑造成你，在你急需它时它不会突然失去作用。它是运动员的储备力量，是跑步选手的“第二阵风”，是在巨大的压力或极度兴奋之下你无意识之中召唤而来完成近乎超人之举的那种力量。

但这些力量并非仅超人所有。它们只是超出了你有意识状态之下的能力。将你的主动意识与沉睡在你体内的巨人结合在一起，促使它完成每天的任务，那些“超人”之举将成为你日常的普通作为。

当第一批原始水生植物出现时，你很可能认为创造力会因此而满足，但接下来它又创造了其他生存和再生的事物，创造了地球上首例生命——叶状植物，之后又创造了多细胞生物，它们依靠周围水域吸收营养；然后又创造了有根有茎的蕨类植物，它们拥有一个中心系统；最后由以上生物进化成生命，它们有各种功能不同、各负其责的器官，这为形式多样的动物生命的存在打下了基础。

我们看到，各种形态复杂的生物都起源于单细胞生物，生物进化的规则就是，朝着有可能的支系发展，一直进化到最高形式为止。

每当生存需要必要的保障时，是创造力促使了这些保护措施的形成。它为容易被砂石磨蚀的生物创造了贝壳，为弱者创造了逃生的方法，为强者创造了打斗用的尖牙和利爪……它为不同形态的生物创造了适用于它们的保护措施。例如，当体形巨大成为需求时，它就创造了长达一百多英尺高壮如房屋的宠然大物恐龙；当体形微小成为需求时，它就创造了只有依靠高倍显微镜才能看到的昆虫和水生浮游生物。

体形、强壮、猛烈、速度……所有这些因素，都创造到了能够生存的最低程度。它创造了不同形式的生命，而每种形式的生命都有着脆弱之处。创造力可以创造出能够适应环境生存的形体，却创造不出刀枪不入、永远都有安全保障的躯体。

对人类来说，创造力的最大功劳就是创造了美，它使生活变得更加舒适、快乐和幸福。

不同的生物对创造力的衡量标准不同。对低等生物来说，衡量的标准是体力；但对于作为高等动物的你来说，要求要多得多。

创造力根据体力大小作出贡献固然没错，但这仅仅停留在低级动物的层面。对你而言，除了必须在体力上作出贡献以外，还必须在精神上作出贡献。你是上帝的孩子，你担负着创造新事物的责任，你不仅要播撒人类的种子，还要传承聪明和才智。你必须把这个世界变得更加美好，使它充满欢乐、幸福和更多的美妙事物。

生命的真正意义，在于展现不断向前的推动力，即使在最小的孩子身上，也能体现这一点。小孩为什么喜欢搭积木呢？因为他想表达他要建造的东西。稍大些的男孩子制作玩具，建造小木屋；而女孩子则缝制衣服，照看洋娃娃，做饭，打扫房间。这些，也是他们在表达自己身体内部那种强烈的推动力。到了青春期时，他们跳舞、开车，进行更加刺激的活动，同样，也只是因为他们的创造力有不断表现的渴望。

虽然在当时的情形看来，这些渴望绝大多数来自于身体需求，但从某种程度上讲，这些推动力一定要转化成一种精神上的推动力，并得到满足才行。你必须彻底地释放这种推动力，使它能得以展现，并推进社会的发展。之后，它就会回报你，带给你幸福和成就。不管它受到怎样的压制，不管它埋得多深，它都会带来果实。

每个人体内都蕴藏着这样的创造力。这股力量往往为了展示和表现自己，而去吸收任何它需要的力量。这些力量可以做好事，也可以做坏事。其实它们本身是不会滋生邪恶的，但就像最好的果树如果嫁接一根有毒的树枝，便会结出致死的果子一样，你也可能会将别的汁液灌输到纯净的创造力量里，如果它们是坏的，那么，你就只应当怪自己，而不能迁怒于这贯穿你躯体的完美的创造力。

正因为如此，W.L.凯恩写道："我知道有这样一种力量，因为有一次我看到两个男孩，一个16岁，一个18岁，为了救压在树下的弟弟而移开了一根巨木。而第二天，还是这两个男孩，外加另一个男子和我，试图举起这根木头的一端，结果却无法挪动分毫。"

为什么当急需之时两个男孩能做到紧急情况过去之后4个人都无法做到的事呢？因为他们从未停下来想过这件事他们能不能做到。他们只想着事情紧急。他们将所有的精力、所有的能量都集中到那件事上——毫不迟疑，毫无畏惧。而存在于所有人体内的那个"精灵"也在等待着这样一次召唤，随时可满足人们的需求，给予他们力量，不是两个人，而是10个人的力量！

无论你是银行家、律师，还是商人或僧侣都不重要。无论你是上百万人的监护人还是需为生计而拼搏的人都没有关系。“生命法则”对富人和穷人，上层或下层人士都一视同仁。准备得越充分，它就越能及时地响应你的召唤。每当遇到不寻常的任务，每当贫穷、困难、疾病或失望袭来，听命于你思想的这个仆人都会做好随时提供帮助的准备，唯一期待的便是你对它的召唤。

而且，它不仅准备好并乐意提供帮助，它也一直有能力相助。它的灵性与资源是无限的。它是一种思想，一种思维。它是无须话语和文字便能传递信息的一种心灵感应。它是让你对还未出现的危险提高警惕的第六感。无论你的问题多么庞大复杂，或者多么简单——问题的解决之道都存在于这种思想及这种思维之中。既然解决之道确实存在，这个“思维巨人”也一定能为你将其找出。它能知道且能做到任何一件需要之事。只要寻求你的这个思想精灵的帮助且与它合理相处，任何需要知道和做到的，你都能够知道和做到。

善用生命

不要把自己的生命浪费在一些毫无意义的事情上。人生只有短短几十年，可以说是稍纵即逝。只有珍惜和善待自己的生命，我们的生命才会有价值。

大连旅顺口陈家村的三位渔民因为自己的渔船机器出了故障，在海上漂了7天6夜，船上什么吃的都没有了，然而这三位渔民却活着回来了。一位记者就此事采访了这三位渔民。

坐在记者面前的三一位渔民脸晒得黑红，讲述那件发生在自己身上的故事时，面带笑容，语气平淡，好像不是他们自己亲历而是发生在别人身上似的。

“你们开始的时候想到会漂7天吗？”记者问。

“没有，我们想只要再坚持一天，明天就会有人来救我们。如果一开始就知道要等7天，受这么多罪，我们可能会受不住。”为首的一位年纪较大的渔民说，他是这艘船的主人。

“第6天下午，我觉得自己坚持不住了，喝进去的海水在胃里翻腾，难受死了。就在这时，我们听见了马达声，看见有一条船向我们开来，我们三人趴在船上喊救命，可是当船驶近的时候，船上的人却冲我们说：‘你们慢慢漂吧。’我绝望地趴在船帮上想跳海自杀，是他救了我。”年纪较小的帮工感激地指着船主说。

船主不好意思地摸摸后脑勺："其实也没什么，我只是给他们讲了一个5枚硬币的故事。"

"小时候，我生活在内蒙古草原。一次，我和爸爸在草原上迷了路，我又累又怕，到最后快走不动了。爸爸就哄我，他从兜里掏出5枚硬币，把一枚硬币埋在草地里，把其余4枚放在我的手上，说：'人生有5枚金币，童年、少年、青年、中年、老年各有一枚，你现在才用了一枚，就是埋在草地里的这一枚，你不能把5枚都扔在草原上，你要一点点地用，每一次都用出不同来，这样才不枉人生一世。今天我们一定要走出草原，你将来也一定要走出草原。世界很大，人活着，就要多走些地方，多看看。不要让你的硬币没用就扔掉。'

"我们走了一天一夜，终于走出了草原。我一直记着父亲说过的话，也一直保存着那4枚硬币。25岁的时候，我从电视上看到大海，我把第二枚硬币埋在了草原，带着其余的3枚硬币一个人乘车来到大连旅顺口，当了一名水手。今年是我来海上的第9个年头了，我刚刚用攒下的钱买下这条12马力的新木船。我一生的梦想，是能拥有一条可以远航的100马力以上的铁船。我们还年轻，还有人生的3枚硬币，不能就这么把它们都扔到大海里，我们一定要活着回去！从我讲这个故事到被救，才十几个小时，我们真的活着回来了！"

在海上漂泊的7天6夜里，他们喝海水，吃鱼饵，忍受着肉体和精神上的双重痛苦，直到接受采访时他们的全身还因为海水中毒而浮肿，胃出血，脚溃烂，但他们坐在记者面前，面带笑容，语气平淡。对他们来说，所有的灾难都已成为过去，重要的是他们还活着，还拥有人生的3枚硬币，这比什么都重要。

人往往在生与死的抉择中，才能体会到生命的意义，才会明白活着的价值。

当初，上帝创造了驴子，对它说："你是头驴子，从早到晚，你要不停地干活。在你的背上，还要驮着重物，你吃的是草，而且缺乏智慧。你的生命将有30年。"驴子回答说："像驴子这样生活，30年实在太长了。求求您，还是不要超过20年吧。"

上帝答应了。

上帝创造了狗，对它说："你需要随时保持警惕性，守护你最好的伙伴——人类和他们的住所。你吃的是他们桌上的残羹剩饭，你的生命期限为25年。"狗回答说："我的主啊！对于这样的生活，25年太长了，我的生命还是不要超过15年为好。"

上帝答应了它的要求。

上帝又对猴子说："猴子，你悬挂在树上，像个白痴一样令人发笑。你将在世上生活20年。"猴子听了这话，眨眨眼，回答说："我的主啊！如同小丑一样活上20年，确实太长了，请您行行好，不要让时间超过10年吧！"

上帝也答应了猴子的请求。

最后，上帝创造了人。上帝告诉他："人，你要有理性地活在这个世上，用你的智慧，掌握一切，支配一切，而你的生命为20年。"人听完后，这样回答："主啊！人活着，只有20年的时间，怕是太短了，我看这样吧——您将驴子拒绝的30年、狗拒绝的25年和猴子拒绝的20年，全部赐予我好吗？"上帝同样答应了。

结果，正如上帝所安排的那样，人，先是无忧无虑地活过了一些年头，接着，他成家立业，如同驴子般，背着沉重的包袱拼命工作；然后，像忠诚的狗一样，认真守护着他的孩子；当年老的时候，他又像猴子一样，扮演“小丑”，和他的孙辈们玩耍，享受晚年时的天伦之乐。

这就是人生。很多人，就是这样走过他们的一生。但是，在这样的过程中，每个人享受到的人生味道，却不尽相同。

人生的确是个谜团，谁也不可能找到最终的谜底。但是，人，又是天生的猜谜者。我们需要解开生命的秘密。即使一辈子为此忙碌，你也别以为是在浪费时间。人生的愉快之感，固然可以想见，譬如，站在高岸上，遥看颠簸于大海之中的行船，是愉快的；站在古战场的遗址，遐想那勇猛的搏杀，力量的碰撞，同样令人血脉贲张。但是，没有什么事物，能比攀登于人生真理的高峰之上，然后，俯视来路的层层路障和迷雾，更让人感觉愉快的了！

我们的生命，就像是一个火柴盒，里面包含许多火柴。每当我们点燃一根，虽然盒子里减少了一根，但也发出了光和热。善用火柴的人，能点燃起一片灿烂的烛光、一堆熊熊的营火；不善用火柴的人，却可能焚毁整座森林、成列的房屋；至于那最不懂利用的人，则盲目或过早地划了火柴，结果却举措失当，白活一场。他们，从未真正体验过人生之乐。

那么应该怎样度过我们的人生呢？有的人追逐名利，有的人与世无争，在这两种常见的倾向之上，只有孜孜不倦地尽自己天职的精神，才能使生命真正富有意义，才能使生命变得崇高和纯洁。

J.B.莱因博士在杜克大学的实验表明，头脑肯定能影响无生命的物体，但是必须要有强烈的兴趣或欲望。

当实验对象的兴趣分散，注意力不集中时，他就对物体毫无作用力。只有当他将全部注意力、全部能量集中到物体上时，他才能取得成功。

莱因博士通过我们大多数人一直相信的物理实验证明了以下几点：

1. 在我们头脑或身体的纯粹自然力量之上还有另一力量存在；

2. 我们可通过强烈的注意力或欲望与此力量相通；

3. 一旦相通，我们便无所不能。

人不再受盲目的机遇或命运的摆布，他能掌握自己的命运。

把握自己的命运

你已经知道了宇宙的创造力能够为你所用，现在唯一要做的就是提供一个使它发挥作用的模具，而这个模具则是由你的思想来建造的。

英国评论家亚瑟·西蒙斯曾说："只要我们能够选择自己的命运，把握自己的命运，那么一切梦想都会成真。只要我们精力充沛、坚持不懈，我们就能得到一切想要的东西。只有少数人能成功，就是因为只有少数人有伟大的梦想，并为之而坚持不懈地奋斗。我们看到的是，即使有些人是为钱财和物质，但他们不分昼夜地工作，所以他们也能够获得成功。而那些成天做白日梦的人，永远也不会梦想成真。"

当你了解了这点后，你还会限制自己的思想和创造力吗？诚然，人都会在某些时候感到自卑，但你必须提醒自己，你不是普通人，你也能成为成功人士。

有篇文章讲了这样一个故事：有个人要穿过一片茫茫的沼泽地，因为不知道哪里是安全的路，于是只能试探着走。虽然危险性很大，一不小心就有可能陷入沼泽，但是只要注意，就有希望走出沼泽。于是这个人左跨右跳，竟也找出一段路来，可好景不长，未走多远，不小心一脚踏进烂泥里，沉了下去。

不久，又有一个人要穿过这片沼泽地，他看到在茫茫的沼泽地上有一串密密麻麻的脚印，便想，前不久，一定有人从这里走过，那么我如果沿着这串脚印走就一定不会有错。于是，他便踩着那串脚印试着走起来，果然实实在在，于是他便放心一直走下去。可是，好景不长，没走多久，他就因为最后一脚踏空也沉入了烂泥。

之后，又有一个人来到这片沼泽地前，他看着前面两人的脚印，心想，这必定是一条通往沼泽地彼端的唯一道路，也是正确的道路，看，前面已有这么多人走了过去，如果沿着这条路走下去我也一定能走到沼泽的彼端。于是他很放心地大踏步走去，最后他也沉入了烂泥。

漫漫人生路究竟该怎么走？是追随着别人的脚步，还是坚定地走自己的路？

当今的世界，成功之路不计其数，生活方式也各不相同，于是，我们便在滚滚红尘中越来越觉得迷失了自我，找不到一条属于自己的路，无法坚定地走好自己的人生路。

世界上有数不清的路，人生也一样，在走路的时候，如果沿着别人的路走下去，也许平坦，但是却永远也走不出新意，无法找到属于自己的成功。只有走自己的路才可能有创意，成功的可能性也就更大。

走自己的路，也许会遭遇他人不解的目光，会遭遇种种流言蜚语，会遇到这样那样的坎坷和挫折，但是只要我们坚信心中的理想，勇敢地向着心中的目标奋进，不怕困难，总有一天，我们会看到独特的风景，成就一份独特的辉煌！这时你无须标新立异，却已与众不同。即使平凡，也决不平庸。

自己的人生路需要自己来走。无论是生活之路，还是事业之路、爱情之路、亲情之路、友谊之路，都需要我们自己来走，因为只有走自己的路，才能走出属于自己的成功天地。

走自己的路，就是相信自己的力量和价值，不轻信他人，一切遵从自己的想法和意愿，以客观事实为原则去做事（当然要在正确的前提下）。如果我们无法相信自己，就不会有自己的想法，也就会一切服从别人，从而成为别人思想的奴隶。

走自己的路，我们无须在意他人的种种评论，无须在意他人的指指点点，面对是是非非而不动摇心中的理想，不轻信别人的流言蜚语，想别人不敢想，做别人不敢做，不管面对什么境遇都坚信自己的信心和勇气。

但是，走自己的路并不代表我行我素，傲视一切。在人生的道路上，我们也应该适当地接受别人的一些正确意见，同时用自身良好的人格魅力打动人心，开拓良好的人际关系，掌控更多的人际资源。

路有平坦就会有坎坷，活着就会碰到各种各样的艰难和曲折，与其逃避困难，不如迎难而上，前进的路上我们可能经常跌倒，其实这没什么可怕的，只要我们能拍拍身上的灰尘，还可以接着上路，怕就怕跌倒后没有勇气再站起来。

走自己的路，就是始终朝着坚定的目标奋进，永不退缩，有自信、有勇气与一切艰难斗争，有着永不放弃的劲头，穿越重重障碍，走向成功，走向巅峰。

如今的社会，人才济济，竞争激烈，活着有太多的艰辛和烦恼，有时候，我们想要按照自己的想法办事，而“平庸至上”的社会往往给我们加了一道无形的墙，使我们没有勇气走自己的路。

比如，在公司里，我们希望充分展示自己的才华，以求得更高的发展。然而，“木秀于林，风必摧之”，在一个团体内，谁做得更出色、更优秀，往往就会招致其他人的嫉妒乃至“背叛”，会遭遇被孤立甚至严厉惩罚的厄运，此时，我们往往会感到迷惘，走自己的路究竟是对还是错?

诚然，一个人要如何在这纷繁芜杂的世界里保持自我的本色，活出自我的风采，走出一条属于自己的路，开创一个属于自己的事业和未来，真的是当下每一个人都应认真思索的问题。

带着这个问题，我开始了这本书的编写，我的目的只有一个，那就是，希望它可以给时下每一个行走在奋斗之路上的年轻人以启迪和鼓舞!

其中，我尽力引用一些比较典型、比较新颖的案例，比如当红影星章子怡、体坛明星邓亚萍、海星集团的董事长荣海、推销员乔治·赫伯特、北京京汉集团的董事长田汉、苹果公司的创始人乔布斯……他们每个人都具有独特的个性，从他们身上我们可以感受到生命所赋予的更高意义。之所以选择他们，只是希望读者可以领悟到我在创作此书时也在走自己的路，而不是与他人的简单雷同，好像只有这样才能对得起这本书的名字，也能道出这本书的灵魂所在。在书中，我加入了现代生活中出现的一些典型事例和我自身成长奋斗的经历，只希望您能从此书中找到答案，也希望您能够从中获得更多的人生感悟，走自己的路——相信自己，征服别人，迈向成功。

走自己的路，才能在这个人才济济的时代里突显出自己的优势，离成功越来越近!

献给你们——在成功之路上一直不断努力、孜孜以求的人们!

第二章 种植生命的种子

自然赋予人们的不调和还很多，人们自己萎缩堕落退步的也还很多，然后生命决不因此回头。

——（中）鲁迅

成功者的内心有一颗生命种子

拿破仑称雄欧洲靠的是什么？不是天赋异禀也不是智慧超群。他在军校的成绩是班里第46名，而全班一共只有65人。

拿破仑的成功秘诀就是他对权力的强烈愿望，以及对命运的坚信。在战场上，他勇往直前，因为他坚信自己不会死。对于那些似乎不能办到的事，他从不犹豫，因为他坚信前进路上会有一个指路星，为他扫清一切障碍。

所以，成功的秘诀就是，你的内心深处有一颗生命的种子，它能为你吸收一切成分以满足你的需要，使你的愿望得以实现。正如其他种子生长的必经阶段一样，它也必须先冲破包裹自己的硬壳，而这个硬壳比任何种子的外壳都厚实。唯一能冲破这个外壳的就是你内在的强烈愿望，和极其坚定的信心。这不仅要靠你的思想、工作、财富，更要靠你心甘情愿地去实行。

生命自从一诞生，就遭受着各种各样的威胁。如果生命没有一种无比强大的力量，那么它可能早就不存在了。所以，生命的力量不可战胜，任何障碍也挡不住它。

当我们身处绝境，已经没有任何可以利用的资源时，是什么拯救了我们？那就是生命的力量。它给予我们需要的东西，让我们绝处逢生。

很多人都认为，获得财富和成功是靠运气，而自己是没有好运的人。我要提醒你财富和成功仅仅是你对生命的种子的索取而已。无论你的要求有多少，只要你坚持不懈地索取，它终究会满足你的。

一般人的错误就是向那些外在的东西寻求财富、成功和幸福。比如，有人迷信地认为，脖子上挂一个护身符就会有好运气；宗教信仰者相信，带行善者遗物就能得到庇护，而从不去想通过自己的努力付出来获得。

因此，你不要寄希望于那些星星、兔脚或者护身符，也不要认为圣物就能给你带来好运，你必须对你的生命种子保持坚定的信心。无论你处在什么环境，无论你会遇到什么困难，你都可以利用生命种子的力量，让它为你带来所有想要得到的东西。

内在精神的力量才是决定你命运和前途的关键。它比任何东西都更加有力。所以，祈祷它，激起它的内在力量吧！

祝福生命的种子吧，每天都问候、祝福它。当你需要它的时候，请直接向它索取。

当你索取的时候，别忘了先给予，向生活奉献出你所拥有的一切。只有这样，你才能实现自己的梦想，达到自己的人生目标。

激活生命的种子

据说在日本，有几棵小橡树的主根被人们用钢丝捆绑起来。几年之后，他们惊讶地发现，那些没有被捆绑的橡树长到了80英尺到100英尺高，而被绑住的橡树只有10英尺高！虽然它们都能存活同样长的时间，但是这几棵矮小的橡树却没有展现出本应有的生命力。

这种情况被我们认为是不正常的，事实的确如此，然而，这种不正常的情况每天都发生在我们周围。许多人用恐惧、忧虑的绳索将自己潜在的思想束缚起来，用局限卡住给生命提供养分的通道。不仅如此，这些人还常常对自己无法展现活力感到费解，他们奇怪为什么自己得不到幸福、快乐和成功。

每个人的内心都有一颗生命的种子。它给予我们无穷的力量，让我们吸收足够的养分以展示自己。但同时，它也给了我们选择权，我们可以使它充分吸收营养，也可以限制它的生长，一切都取决于你自己的选择。

你掌握着生杀大权，就像拿破仑、林肯和爱迪生一样。你所需要做的，就是激活你的生命种子，不仅要为它提供生长的空间，还要使它能充分发挥自己的生命力。只要你有强烈的意愿希望它足够强壮，只要你坚信自己一定能做到，那么安妮特·凯勒曼最初是一位残疾儿童，但后来成了一位拥有最完美身材的有魅力的女人。她的法宝就是：激发自己心中的种子，通过最真诚、最美的愿望调动肌体，使生命得到完美的展示。

11岁就残疾的乔治·周伊特，通过激发自己生命的种子，通过自己的强烈愿望，通过使自己肌肉工作起来，他使自己在21岁时成了世界上最强壮的人。

波斯军队的普通士兵雷泽·雷扎，后来成为波斯帝国的统治者；一个送水的男孩，最终成为阿富汗的总统……

他们都是利用强烈的愿意和坚定的信念来激发自己的生命的种子。他们不让任何东西禁锢自己的思想，而是让生命的种子自由地获取所有能量。他们知道那些前进道路上的困难不过是负面的影响，就像一打开灯就能消灭黑暗那样简单。他们关心的是人生的奖品，他们的所有目的都是为了得到那个奖品。

在这些人成功之前，如果有人告诉他们的邻居说这些人将来会是国家的统治者，那么一定会遭到大家的嘲笑。他们的邻居会说："看看他们生活的条件吧，看看我们这里的环境吧。你不知道，他很笨，什么都不懂。"

环境、条件都是次要因素。而这些后来成为统治者的人，他们具有更长远的眼光，因为他们找到了首要因素，那就是激发生命的种子。他们为这颗种子提供了吸取养分的通道，使它能更好地生长。这颗种子后来长得枝繁叶茂，就是因为它吸取了足够的养分。

你的心中也有一颗生命的种子。它包裹着一个完美的身体，就像橡树种子里面有一棵橡树一样。这些种子都是具有生命力的，它能吸收到成长所需要的一切养分，然后展示出自己的生命力。

如果你处在疾病、残疾、丑陋的环境下，那么请自问一下，你真的很在意这些吗？如果你在意的话，一定是你自己或者周围的人用恐惧的钳子夹住了你的生命种子，而导致某些器官发生变异。

治疗的方法很简单，就是去掉钳子。现在的你，是缺乏生命力的，你需要激发生命的种子，并赐予它力量，让它吸收到所需要的养分。

很多人说这是不可能实现的。然而，对于精神的力量来说，没有什么是不可能的。生命的种子就在我们心灵里，它能帮助我们实现一切梦想。

利用你已经拥有的能量，你将得到无穷的回报。

《圣经》说："每一棵美好的树，结出的果实也是美好的，每一棵邪恶的树，结出的果实也是邪恶的。每棵邪恶的树都应该被砍掉，并投入火堆烧成灰烬。要区分它们很简单，只需要看看它们结出的果实就知道了。"

这里的"结出果实"是什么含义呢？是不是上帝在很早就找到了多种方法，来展示生命的种子？并且创造一切机会使它生长，使这个世界更美好呢？

要让一棵树长出果实，首先得让它开花。花瓣掉落时，会留下雌蕊。它会逐渐成熟，最终长成甜美的果实。

花朵就是一种美好的愿望，是活得快乐的途径。雌蕊就是实现这个愿望的行动，也是运行愿望的第一步，无论它多么微小。果实则是已经实现了的愿望。

中国有一句古语说得好：千里之行，始于足下。

如果你用强烈的愿望激发你生命的种子，如果你给它一个展示生命力的机会，那么你就可以要求得到任何实现愿望的机会，并且你的要求一定能得到满足。

但是，如果你成天无所事事，那么你的未来就会像今天这样，永远不会有进步。今天的你，是昨天梦想的实现；明天的你，也只是你今天愿望的实现。你不能只是安静地待在原地，你要么就前进，要么就后退。而不断进步是生命的规律，如果你顺应了这条规律，那么你就会永远向前，取得一个又一个成功。

转播你生命的种子

有很多学生问我："我怎么才能知道自己做对了呢？"

一些面临重大问题的人问我："我要如何确定自己的方法是对的呢？"

对于这些问题，特洛华德法官在爱西堡的演讲中，给出了很好的答复：

如果我们把愿望的实现当成是偶然事件，是任何情况下——过去、现在或者未来要发生的事情。那么，我们就没有抓住首要原因，而只是注重了次要原因，而次要原因正是怀疑、忧虑和限制的来源。

那么，什么是首要原因呢？特洛华德法官也做了专门的阐述：

在房间里放入一支点燃的蜡烛，房间就会变得非常明亮；如果把蜡烛拿走，房间就会恢复黑暗。明亮和黑暗就是两种现象，其正面结果来自于光，负面结果则是因为缺乏光。这个简单的例子告诉我们，任何一种正面现象总有一种负面现象与之相对应。产生这种对应关系，是由于它们与同一个事物有着联系，其中一个发生正面的作用，另外一个发生负面的作用。所以，我们可以由此总结出一条规律：一切正确现象都是由我的积极因素决定的，而一切负面现象都是由于缺乏这一积极因素而产生的。任何情况下，首要因素都不是负面的，因为负面现象是由于缺乏积极因素而产生的。

我们要怎么才能知道自己是否做对了呢？请先问问自己：“我是靠什么来寻求我的愿望，诸如财富、健康、成功的？”

如果答案是依靠自身的能力，或者家庭医生，或者各种药品，或者朋友的帮助，那么，你成功的可能性不到10%。因为你寻求的这些依靠都是次要因素，而它是极其不可靠的。

如果你的答案是：我尽自己所能投身到工作中去，但这并不是我取得成功的途径，我是靠内心的生命种子，通过工作的通道，将精神的力量淋漓尽致地展现出来。那么，你获得成功的可能性绝对超过90%。

看吧，我们又回到了宇宙的基本定律了：每一个细胞都饱含生命力，使它能够从一切可能的地方汲取养分，以供它成长壮大、开花结果。

不过，在具有吸收养分的能力之前，这颗种子必须已经生根发芽，前期处于不断运动之中。这样，它们才会具有稳固的生命，否则就有可能被其他能量吸走。

如果你非常渴望得到某种东西，那么这种愿望就会形成一颗生命的种子。正如其他的种子一样，这颗种子也富含能量，能够吸收到成长所需要的一切元素。但是，你必须做一些事情。否则，它仍然是一颗没有生命的种子，也是一颗没有吸引力的种子。

那么，一旦你播下这颗种子，你需要做什么呢？首先要行动起来，让一切运转起来，即使规模很小也要这样做。开始行动就意味着取得了一半的成功。在要实现自己的目标时，把这一点看做是首要因素，并且把全部心思放在这个愿望上，花钱使它成为现实，把其他的因素都当做次要因素。保持这样的状态，直到你获得了想要的东西。

周围的环境、条件和困难都无关紧要的，不要去理会它们，专心做你想做的事情。就像撒在岩石缝隙的种子，虽然条件艰苦，生长较慢，但只要给它注入生命力，它就会吸收到所必需的营养。

因此，不要为贫穷而忧虑，也不要害怕背上债务。它们最多使你感到不快。但是，只要你关注于内心的生命种子，那么就一定会有所收获。你会很快得到想要的东西，并且变得富裕起来，轻松地还清债务。

生命中的“芝麻开门”

人生的“芝麻开门”是什么？是任何强烈的、正直的欲望和意愿，只要我们敢于去想，就能实现这些欲望。在实现这些愿望的过程中，世间万物都可能是你的引路者，它们会指引你完成你的愿望。

你也许不相信，但这却是不争的事实。

一些最热切的愿望，和你内心对精神的信仰连接在一起，它们的连接组成了这个世界上最强大的力量。正如玛丽·科瑞利在《永恒的生命》中所说的：“世间万事贵在坚持。永恒的法则注定精神真正追寻的东西最终一定会得到，而且精神通过身体提出的要求也一定会得到妥善的安置。在阳光空气的滋润中，在实践隐藏的事物中，这样的力量每时每刻都在更新。自然中的一切都在为心灵提供帮助，没有生物可以抵挡这样的力量。成功、财富、接踵而至的胜利都会降临到人们头上，只要他们能把自己的房间收拾得井井有条——任何嘲笑和诱惑都不能让他偏离自己的目标。”

佛伊德·帕森斯在《广告与销售》一书中讲了这样一个故事：

有一家工厂，工人们午饭时经常相互投掷奶酪，以此玩乐。有一个人在投掷奶酪时，不小心把奶酪扔进了制作铜质圆盘的槽里。之后这个槽里出产的圆盘质量比其他槽里出产的质量要好。之所以出现这样的情况，是因为奶酪中的蛋白质在起作用。这个发现为这家工厂带来了上千万美元的收益。

一家大公司让自己公司的化学研究者研究一种可以快速干燥并且可以防止脱色的油漆，其中必须含有一些玻璃纤维，但又不会破裂，这样才能抵御汽油、油脂和强酸的腐蚀。问题的关键在于要让玻璃变成液态，这样才能被刷到墙上。研究者毫无办法，虽然苦思冥想，却找不到突破口。一天，生产机器出了问题，试验被迫停止。当机器被修好，重新开始工作时，化学家门惊奇地发现油漆已经可以保持液态了，长期以来一直解决不了的问题，就因为这个意外的发生而解决了。

当你全身心投入到问题的思考中，却总是一筹莫展的时候，很可能突然灵光一现，问题迎刃而解。

托马斯·爱迪生说："成功的关键就在于顺其自然。一种全新的观念、一段美妙的旋律都是可遇而不可求的，只可意会不可言传。"

伽利略没有发现地球是圆的，哥白尼没有发现行星的运动，牛顿没有发现万有引力法则，他们发现的不比小孩发现2+2=4更有价值。他们只是了解了一些东西，用自己的力量掌握了一些知识。对于他们而言，这也许就是在发现。

世界上最伟大的天才牛顿爵士把自己比作一个小孩，他说自己只是在广阔的真理大海里收集贝壳。

当超出自己能力所及的难题出现时，你对自己说："我和宇宙间无限的智慧相连，那无穷的力量一定会帮助我找出问题的答案。这样就必定能够战胜一切困难。"

没有什么新的近况，也没有什么天外横财，造物主在几百万年前就早已安排好了。

你不需要发现什么，也不需要创造什么新东西。你所需要的只是探寻这个世界本来已经存在的宝藏。我们离宝藏并不遥远。耶稣说："你们只要寻找就会找到，只要去敲成功之门，门就会为你打开。"

打开生命之门

在很久以前波斯国的某城市里，住着俩兄弟，哥哥叫戈西姆，弟弟叫阿里巴巴。父亲去世后，他们各自分得了父亲遗留下来的一点点有限财产。分完家之后，两人各谋出路。没过多久，他们俩的钱就花光了。生活越来越困难，为了解决温饱问题，兄弟俩不不得不东奔西走。

戈西姆很幸运，他与一个富商的女儿结了婚。岳父死了之后，他又继承了妻子的产业，并以此为根基走上了经商的道路。由于生意做得顺风顺水，规模越做越大，戈西姆很快就成为当地有名的大富商了。

阿里巴巴娶了一个穷苦人家的女儿，夫妻俩过着贫穷的生活。全部家当除了一间破屋外，就只有三匹毛驴。阿里巴巴靠打柴为生，他每天赶着毛驴去树林砍柴，再运到集市上去卖，以此维持生计。

有一天，阿里巴巴赶着三匹毛驴上山砍柴。他将砍下的干柴捆在一起，让毛驴驮着。砍好柴准备下山的时候，突然远处卷起一股烟尘，而且正迅速地朝他这儿卷过来。快要靠近以后，他才看清原来是一个几十人的马队，正急速向这个方向冲来。

阿里巴巴心里有些害怕，怕碰上一群歹徒把毛驴抢走，而且很可能会谋“驴”害命。他越想越害怕，想撒腿逃跑，但由于那帮人越来越近，要想从他们眼皮底下逃走已是不可能了，他只得把驮着柴禾的毛驴赶到树林深处，自己爬到一棵大树上躲起来。

那棵大树生长在一个巨大险峭的石头旁边，他把身体隐藏在茂密的树叶下，从上面可以看清下面的一切，而下面的人却看不到他。

这时候那帮人已经跑到那棵树旁，他们在大石头前勒住了马。他们共有四十人，一个个行动敏捷，身强力壮。阿里巴巴仔细看了看，觉得这是一伙拦路抢劫的强盗，显然是刚刚抢了一个大商队，现在到这里分赃，或者准备将抢来的东西暂时藏起来。

阿里巴巴决定静观其变，看看他们到底要干什么。

马背上的鞍袋沉甸甸的，很显然里面的东西一定价值不菲，甚至可能是金银珠宝之类的财物。

这时，一个首领模样的人背着一个沉重的鞍袋，来到那个大石头跟前，高声喊道："芝麻开门！"喊声刚落，大石头前突然出现一道宽阔的门，于是强盗们鱼贯而入，都背着袋子进去了，那个强盗首领走在最后。首领刚进入洞内，那道石门便自动关上了。

阿里巴巴此时本打算离开，但是又怕他们突然从洞中出来，被他们抓到，所以只能继续在树上忍耐着。最后他决心偷一匹马，然后赶着自己的毛驴溜回去。就在他刚要下树的时候，石门突然开了，强盗头目首先走出洞来，他站在门前清点强盗喽啰，见所有人都已出来了，他便开始喊道："芝麻关门！"随着他的喊声，石门自动关了起来。

强盗首领清点、检查后，没有发现什么可疑之处，就带着喽啰们骑马离开了。

阿里巴巴待在树上看着远去的他们，直到他们走得无影无踪之后，他才从树上下来。阿里巴巴暗自想道："我要试验一下这句咒语，看看我喊能不能把这个石门打开。”于是他大声喊道：“芝麻开门！”

他的喊声刚落，石门立刻打开了。他小心翼翼地走了进去。里面是一个弯顶大洞，从洞顶的通气孔有一些光线射进来。他立刻目瞪口呆：洞中堆满了各种财物，不计其数的金币和银币，一堆堆的绫罗绸缎。乍一看到这么多的金银财宝，阿里巴巴深信这肯定是强盗们长期掠夺所积累起来的宝库。

阿里巴巴进入石门后，石门又自动关闭了。

对此他倒是毫不在乎，因为他已掌握了开门的方法，不怕出不去。他对洞里的其他宝贝并不感兴趣，他只需要金钱。因此在考虑到毛驴的运载能力之后，他打算让驴子先驮走几袋金币，用干菜盖起来以遮人耳目。

想好了这一切，阿里巴巴才大声说：“芝麻，开门吧！”

石门打开了，阿里巴巴把几袋金子搬到洞外，随即喊道：“芝麻关门。”石门应声关闭。

阿里巴巴赶着毛驴很快返回城中，到家后他急忙把金币搬进房内，放在妻子面前。妻子看见袋中装的全是金币，以为阿里巴巴甘冒奇险去拦路抢劫了，开口便骂他不该见利忘义，不该去做坏事。

“难道我是强盗吗？我可不会干这样的事，你应该知道我的为人，我从不做坏事。”阿里巴巴申辩道。随后，他一五一十地把山中的遭遇和这些金币的来历告诉了老婆，然后他把金币倒了出来，一股脑儿摆在她的面前。

妻子听了很震惊，金子散发出的光芒使她有些眩晕。她一屁股坐下来，忙着去数那些金币。阿里巴巴说：“瞧你！这么数下去，什么时候才数的完呢？若是有人闯进来，那就糟了。这样吧，我们先把这些金币埋起来。”

“但是我还是要量一量这些金币到底有多少，心里也好有个数。”

“这件事是值得我们兴奋和高兴，但你千万注意不要得意忘形，一定要守口如瓶，如果泄露出去一定会惹祸上身的。”

妻子急忙到哥哥戈西姆家借量器。戈西姆不在，她便对戈西姆的妻子说：“大嫂，你家的量器能借我用一下吗？”

“当然，不过你要借什么量器呢？”

“小升就行了。”

“好的，我去给你拿。”

戈西姆的妻子是个好奇心特别重的人，她想知道阿里巴巴的妻子借量器量什么，于是她在量器的底部，刷上了一点蜜蜡，因为她相信无论量什么，总会沾一点在蜜蜡上。这个方法能让她满足自己的好奇心。

阿里巴巴的妻子当然不知道嫂子还有这一招，所以不可能有所防范。她拿着升急忙回到家中，立刻开始量起金币来。阿里巴巴只管挖坑，只等妻子量完金币，就把它们埋下去。量完之后，他们两人一起动手，把金币埋入坑内。升底的蜜蜡上粘着一小块金币，他们却一点也没有察觉。

戈西姆的妻子收到还回来的升时，马上就发现了里面竟然粘着一枚金币，内心不禁有些羡慕，但更多的却是嫉妒。

她自言自语地说：“啊！原来他们借我的升是去量金币啊。”但转念一想又不对，她心想，阿里巴巴这样一个穷光蛋，怎么会有金币呢？这里面一定有什么秘密。戈西姆的老婆左思右想，始终不明白这其中的道理。

天黑的时候戈西姆回来了。她迫不及待地对他说："你总是以为自己是富商，是这个城市里最有钱的人。看看这是什么吧，你兄弟阿里巴巴表面上穷得什么都没有，暗地里却富甲天下。我敢说他的财富比你多得多。他积蓄的金币多到要用升量，而你的金子，看一下就知道有多少。"

"你都听谁胡说八道呢？我弟弟只有一间破屋和三头驴，哪来那么多的金子？"戈西姆嘲弄地反问道。

戈西姆的老婆立刻把阿里巴巴的妻子前来借升量金子的事说了，还拿出粘在升内的一枚金币给他看。

戈西姆知道这事后很是惊诧，虽然很羡慕，但更多的却是猜疑和不解。这一夜，他就一直在想这个问题，由于总是想着金子的事，因而他整夜辗转难眠。

第二天，天刚亮他就急忙起床，前去找阿里巴巴。

"兄弟啊！你真人不露相啊！表面装穷、装可怜，其实却很富有。我知道你有很多金币，数目之多已经达到要用升量的地步。"

"没有啊，大哥。不知是谁如此说的，这可真是开我的玩笑。"

"别装糊涂了！你知道我在说什么。"戈西姆怒气冲冲地把那枚金币拿给他看，"像这样的金币，你还有很多，你还想隐瞒吗？"

阿里巴巴这才知道戈西姆和他的妻子知道了，想到此事已无法再保守秘密了。既然如此，他索性全盘托出，虽然明知这会招来不幸和灾难，但处在这样的情况下，他也实在是没有办法，只得被迫把发现强盗们在山洞中收藏财宝的事，毫无保留地讲给他哥哥听了。

戈西姆听说还有数不尽的财宝，立刻凶狠地对他说："你必须把你看见的一切告诉我，尤其是那个储存金币的山洞的确切地址，还有开、关山石洞门的那两句咒语。现在我要警告你，如果你不肯把这一切全部告诉我，那我就上官府告发你。那样你的金币就会被官府没收，你还可能有牢狱之灾，最终落得人财两空。"

在哥哥的威逼下，阿里巴巴只好把这个秘密说了出来。

戈西姆仔细地记住了弟弟说的每一个字，把一切细节都牢记在心头。

第二天一大早，戈西姆赶着雇来的十匹骡子来到山中。他按照阿里巴巴的讲述，首先找到阿里巴巴藏身的那颗大树，很快就发现了那个神秘的洞口，眼前的情景和阿里巴巴所说的分毫不差。他开始真正相信这一切了，内心窃喜不已，于是高声喊道："芝麻开门！"

洞门开了，戈西姆走进山洞，他刚进来洞门便自动关上了，他没有在意，因为他的注意力完全被堆积如山的财宝吸引住了。面对这么多的金银财宝，他狂喜不已，甚至有些不知该怎么办了。稳定了一下自己的情绪，他立刻展开了行动，开始迅速收集金币，把它们装在袋子里，装满一袋就搬到洞门边，等所有的袋子都装满了，就用骡子驮回家去。很快，所有的袋子都装满了。他来到紧闭的洞门前，打算用口号把石门打开，但是由于先前他兴奋过度，竟忘记了那句开门的暗语，慌乱之下大喊道："大麦开门！"很显然，洞门依然紧闭，大麦是不会开门的。

这一来，他更加慌了，一口气喊出了许多农作物果实的名称，唯独没有"芝麻"，他怎么也想不起这一名词了。他坐立不安，不停地在洞中走来走去，对摆在门后预备带走的金币也失去兴趣了，因为恐惧现在已经战胜了他的贪婪，他越来越害怕。

由于戈西姆过度地贪婪和嫉妒，招致了意想不到的灾难，致使他被困在石洞之中。等待他的结局是可想而知的，如果强盗归来，一定会杀了他；如果强盗不来，他会活活饿死。

这天半夜，刚刚抢了一票的40个强盗回来了。在月光下，他们看见十来头骡子在洞口前。他们很是惊讶：这些牲口是怎么到这来的？强盗头子带着喽啰来到山洞前，喊了一句“芝麻开门”，洞门立刻应声而开。

戈西姆在洞中早已听到马蹄声，知道是强盗们回来了。他立刻感到性命堪忧，感到有些不知所措。但他还是觉得不能就此认命，所以鼓足勇气，准备趁洞门刚刚开启的时候，猛冲出去，期望能够死里逃生。但强盗们的刀剑把他挡了回来。

强盗头子极为恼火，一剑把戈西姆刺倒。他身边的一个喽啰立刻抽出宝剑，拦腰把戈西姆砍为两截。戈西姆就这样一命呜呼了。

这个古老的东方传奇告诉我们，要成功就要找到开启成功之门的钥匙。如果你能掌握人生中的“芝麻开门”，那么财富和荣誉就会滚滚而来。

但是如果你像戈西姆一样贪婪，被贪欲占据了头脑，那么你的“钥匙”就会失效，而一旦你的“钥匙”失效，你就将面临更加严重的惩罚。

让生命的种子支配宇宙

如何才能激发起我们内心世界中圣父的力量呢？如何发挥精神的力量，去汲取无限的资源，实现我们的愿望呢？

答案就是坚定的信心和依靠。除此之外，没有任何其他办法。如果你已经试验过各种各样的办法，但还是未能如愿；如果你想尽办法获得了新生，赢得了健康和力量，那么你得想尽一切办法让自己生命的种子萌发。你必须把其他一切事情暂时搁置，完全依靠生命种子的无穷力量。你必须有着战场上士兵的决心，破釜沉舟，背水一战，要不就是靠事业而生，要不就是与事业同亡。

有了这种意识，你的生命种子很快就会破壳而出了。

我们可以告诉自己："我具有支配整个宇宙的生命力，我是伟大的，有着无穷的力量，充满着无限的活力。生机存在于我身体的每一处，智慧流淌于我的全身。我已经获得了令人羡慕的健康、幸福和快乐。"

斯坦利·琼斯在印度度过了八年的传教生活。他在《印度的基督徒》一书中讲述了自己是如何抗拒大脑和神经的疲惫的，还讲述了在与当地人的交往中悟出了怎样的哲理，所以他愿意为做善事而竭尽所能。

刚开始的那段日子，他的心情非常糟糕。直到有一天晚上，他在祈祷时，似乎听到了一个声音："你准备好了吗？我准备给你布置一件工作。"

他答道："没有，上帝。我失望地告诉你，我的资源已用光。"

上帝告诉他："不要担心，我会给予你能量。"

他顿时异常高兴："上帝，我相信你。"

就在几年前，医生告诉他必须离开印度回国休息，否则身体会被拖垮。可是现在，他是如此健康，如此充满活力。他的人生焕然一新，唯一的任务就是去利用上帝赐予的那些力量。

是不是说上帝赐予了我们力量，我们自己就不再需要努力了呢？当然不是。上帝不会要求人们去做一个懒鬼。自然界的万事万物都在向前发展着，一旦停止发展，它就只会走向死亡。

上帝赐予我们双手，就是让我们奋斗；赐予我们大脑，就是让我们去思考。我们应该好好地利用它们。

参天大树虽然不是靠根部的压力汲取养分，但正是这扎进土壤的根部，为参天大树提供了营养，并且保证了顶部营养的吸收。如果离开了它们，顶部的营养需求根本得不到满足。

同样，人类依靠双手获取需要的东西，但仅仅依靠双手是不够的，尤其是在有迫切的需求时。人们往往局限于自己双手所及的范围或是自己的直接能力，而没有走得更远。就像一棵树，如果只长到根部水压使它到达的高度，那么我们就只会看到一片由矮树组成的森林。

所以，如果你只依靠自己的双手，那么你就会一直生活在贫穷与悲惨之中。只有当你将自己双手的力量放大数千倍时，或者当你开始从事那些需要无数人完成的事业时，你才能使自己生命的种子发挥力量，你才能汲取成长所需要的所有元素。

宇宙的根本法则

美国加利福尼亚州的红杉林非常壮观，但人们并不知道，是什么作用使得那些高高在上的树叶每天能够吸取数百加仑的水分。

其实这并不是依靠根的压力，而是借助于树叶的吸力！也就是说，首先确定它需要什么，再根据这种需要找到相应的方法。

整个自然界都遵循着这个宇宙的根本法则。首先存在需要，然后才产生途径。用自身已经具有的元素去满足需要，然后才去汲取必需的元素来充实它。你也可以伸展自己的树叶，产生“吸力”，然后托付树根去寻找你需要的能量。如果你已经达到足够的高度，具备了强大的吸力，那么恶气就可以汲取任何想要的养分，哪怕它们存在于千里之外。

宇宙精神在我们内在世界撒下了一颗生命的种子。它饱含能量，能为你吸取任何需要的东西，就像杉树一样。但实际上，它为你做得更多，它使你的生命的种子为了自身的发展，而吸取到所需要的一切。

生命不但是充满智慧的，更是饱含着无穷的能量。每时每刻，生命都在努力地表达自己。它还永不知足，不断追求完美。如果一棵树停止了生长，那么它内在的生命就会寻找其他的方式，以更好地表达自己；一旦你不再拥有更多的生命，那么你的生命就会转向其他的地方，以寻求更好的方式。

能够约束生命的唯一东西，就是它汲取能量的通道。生命受到的唯一限制，也是我们自己所强加的限制。

成功的秘密就在于，我们都拥有一颗内在的种子，它能为你汲取所需要的一切元素，然后将你的愿望变成现实。但它也像其他种子一样，只有冲破坚硬的外壳，才能开始成长。不幸的是，生命种子的外壳更加坚硬、厚实。能够冲破这层外壳的，只有十分强烈的愿望和十分坚定的恒心。

一旦你拥有这样的愿望和恒心，你就能顺利利用你具有的一切，来达到自己期望的目标。它需要你付出的不仅仅是工作、财富或理想，还包括你放手一搏的决心。这颗生命的种子会结出累累硕果，还是会自行消亡，取决于你对它下达的命令。所有的生命，都是经历这个过程后取得成功的。

我们的世界上，一些动物有着坚硬的外壳；一些动物能够快速奔跑；另外一些动物长着锋利的爪子、有毒的刺和令人害怕的角。这是上帝的赐予。他赋予勇敢者打斗的能力，赋予懦弱者逃跑和躲避的能力。这些都展示了生命的种子形式多样的能量。

生命在地球上一出现，就遭受着各种各样的危险。如果它不具备宇宙中最强大的力量，或者它不是最坚强的宇宙形式，那么它很可能早就灭亡了。宇宙在赋予我们生命的同时，已经为它注入了巨大的能量。这种力量是不会被打败的，也没有任何障碍能够阻止它。你有权利像福特、洛克菲勒、摩根，或者你身边任何一位富人那样生活。当然，这并不是说这些富人欠你什么，这个世界也没有欠你什么。你只有去付出，才可能有所收获。

真正欠你的，是你内在的那颗生命种子，是它使你得不到财富、幸福与快乐。快去找到它，激励它，让它为你服务，而不是一味地抱怨。你向它索取什么，它就会给予你什么，就是这么简单。快让你的生命种子苏醒吧，向它索取富裕或成功。并且，你要让它看到自己的需求相当迫切，正如甲壳动物必须要长出外壳，小鸟急着长出翅膀，熊要长出皮毛一样。

要求你的生命种子满足你的愿望，并且相信自己一定能得到满足。你内心的生命力量，跟原始动物的生命力量一样强大。既然它当初能汲取足够的营养，让大象长出长牙，让骆驼耸出驼峰，让小鸟拥有翅膀。那么，今天，它也同样可以为你提供获得健康和幸福的必然途径。

其实，你早已把自己的“长牙”、“驼峰”、“翅膀”以及其他的迫切需求融入了你的内心。也就是说，你就是由你内心的思想、恐惧和信仰所塑造的，你现在的状况，正反映了你当初的思想。

需要是获取生命种子的前提

在现实生活中，我们能看见很多树苗生长在岩石上，这些岩石甚至无法提供苔藓的养分。可是，这些树苗最后都长成了参天大树。它们是怎么做到的呢？

树的种子就是一颗生命的种子。把这颗种子播撒在大地上，它得到生命力之后，要做的第一件事就是冲破外壳的束缚，争取发芽。这一过程完全依靠种子内部潜在的力量。也就是说，它先要伸展出来，以表现出它的生命力。然后，它会迅速成长，直到硕果累累。如果它发现自己的能量不够时，那么它会将它的根伸展到更远、更深的地方去获取营养。

如果这个种子花繁叶茂在岩石缝隙中，那么它就没有必要的水分和营养来促进生长。但是，它不会泄气，它会让自己的根延伸到任何一个细小的裂缝中，直到找到充足的营养。事实上，随着生长的过程，它会将整个岩石分裂开来。在任何障碍周围，它都会不断努力，直到耗尽生命，或者得到了它想的要东西。无论处于什么样的环境，它的根都向外延伸，以便获取生长所必需的养分。

首先有树干，才能有树根；首先有需求，才能有满足这种需求的途径；首先有生命的种子，才会有满足它成长的养分。树干、需求、种子都是首要因素，周围的环境和条件都是次要因素。只要给予种子以生命力，它就会汲取到成长需要的一切元素，而从不会去在乎生长的条件。种子中最重要的是生命力，而不是它会落在什么地方。

大自然具有同样的规律。首先要有需求，然后才会有满足需求的途径。利用我们所拥有的需求，给生命的种子一个空间。然后，种子就会吸取各种养分来填满这个空间。

伟大的上帝创造出了生命的种子，那就是你自己。就像创造树的种子一样。上帝给予你能量，使你能够吸收生长所需的营养。只是，上帝为你做的更多。而他对你的唯一需求，就是你要有足够坚强的愿望，足够强大的信念，并以这种信念指引你去得到任何想要的东西。

因此，生命就是智慧。生命力是世界上最强大的力量。生命无时无刻不在需求着展示和表达，并且永不满足。它总是不停地寻找更显眼、更完美的展示。

一旦树停止了生长，它内在的力量就会去寻求其他途径，以更好地展示自己，一旦你停止表现出生命的活力，你内在的种子也会开始去寻求其他途径，以使你得到更好的表达。唯一能限制生命的东西，是使它运转的渠道受限，而这种限制其实就是你自己加给它的。

第三章
寻找生命的力量

一个人的性格决定他的行为，一个人的行为决定他的命运，而内在的力量可以改变一个人的性格！用内在的力量成就完美的一生。

——（中）张其金

在内心播种生命之树

宇宙的根本法则，就是每一个生命体都蕴涵了足够的活力，能为他的成长摄取充足的能量。但前提是，必须丢掉外部力量的支持，完全依靠这种创造生命并使生命成长的力量。

千百年来，宇宙之谜总被归结到起因问题之上，是先有鸡还是先有蛋？一则东方寓言说道："地球位于一头大象的象轿之上。这头大象站在浮于牛奶之海的龟背上。"但然后呢？

生命又是什么？一首波斯诗歌写道："是什么，未经邀请便忽然而来，未及征询又忽然而去。"

当一个人处于绝境、不得不求助于内心的"神"的时候，是什么力量帮助他走出困境的呢？那就是你求助的这个"神"，它赋予我们生命的种子，为我们提供摆脱困境的能量。

我曾经听到一则故事。一位妈妈告诉她四岁的小女儿，要相信有一种特殊的力量时刻保护她。有一天，这个小女孩外出玩耍时迷了路。妈妈在家中焦急地等待，可都不见她回来。就在妈妈快要绝望的时候，小女孩安全地回来了。她虽然是一个人回来的，但是她的手却仿佛牵着别人的手，嘴唇还在动，仿佛正在和谁交谈。而小女孩看见妈妈开门了，就松开了手，对着身旁说："圣父，谢谢你。这就是我住的地方，多谢你送我回来。"

然后，她对妈妈讲述了自己神奇的经历。她当时只顾玩耍，不知不觉中到了很远的地方。她又累又饿，却突然发现自己根本不知道该如何回家。

这时，她想起了妈妈告诉她的话，便请求圣父带她回家。“于是，我抓住圣父的手，就这样回到了家。”

有人也许会问，圣父既然这么伟大，为什么不在我饥饿的时候送来食物，在我口渴的时候送来清水，在我寒冷的时候送来衣服，在我被债主纠缠的时候送来金钱呢？我想告诉你，这是因为你并没有真心地祈求圣父。你的这些要求仅仅是一个肤浅的期望，你所指望的仅仅是一些有限的途径。只有当你不能依靠一些常规途径时，并且如果老天不帮你的话，你就会走上绝路时，你的那颗生命种子才会有所爆发。

《联合周报》登载了一则故事。一位大城市的女士，孤单一人，居无定所。她没有工作，整日焦虑忧伤，还时常担心着在另一个镇上找工作的丈夫。

她身边没有亲戚朋友可以给她提供帮助，她只好求助于圣父。她每天晚上都要祈祷，她相信圣父会帮助她，甚至觉得他是她后半生唯一的依靠。有了这个信仰后，她再走在街上时，步伐坚定，表情从容平静，所有行为都透着自信。她把自己租来的小屋子精心装扮，让里面充满幸福的气氛。不久之后，她找到了一份满意的工作。刚上班两天，她收到了一封来自另外一个镇上的信，是她丈夫寄来的，他告诉她，自己也找到了一份很好的工作。

《团结周刊》上还登载了一则故事：有一个天生智力有缺陷的小男孩，到了上学的年龄时，周围的人都说没有学校会接受他。但是，小男孩的妈妈在他很小时就告诉他，要相信自己。于是，小男孩就经常告诉自己："圣父会指引我怎么做。"看来圣父真的指引他了。小男孩不仅顺利进入了学校，而且成绩一直名列前茅。

数年前，一位患绝症的女士，每天都承受着疾病的折磨。人们都认为她过不了多久便会离开人世。她让护士把床抬到窗边并拉开窗帘。每当夜幕降临，她就注视着浩瀚的夜空。她想到了圣父，想到了他的慈爱和力量，也想到了耶稣说过："哪怕一只麻雀，也该得到眷顾。"就这样过了一段时间，她开始相信圣父的力量，坚信他会治愈自己的疾病，并且一直想着病好了的画面。有一天，一向卧床不起的她突然坐起来，要求护士给她拿食物，那些护士简直惊呆了。到现在，这位女士仍然健康地活着。

唤醒你的每个细胞

的确，我们都是伟大的宇宙思维的一个细胞。正如我们体内的细胞依靠大脑的力量一样，我们也可以依靠宇宙思维的力量。

人人生而自由、平等，就像身体的每一个细胞都是平等的一样。也许有些细胞看起来处于重要的位置上，被厚厚的脂肪所包围，有着丰厚的营养；另外一些细胞则位于其他一些位置，那里似乎工作繁重，营养不足，以至于它们不得不依赖周围的淋巴组织而生存；还有一些细胞，则似乎被完全遗忘了，它们处于很少发挥作用的部位，甚至有死亡的危险。比如位于头皮的细胞，如果头皮脂肪组织老化，头发掉落，那么它就会逐渐衰亡。

但是，尽管如此，它们依然是平等的。在必要的时候，它们都可以平等地利用身体的每一个元素。

我们就以大脑中的一个神经细胞为例，来看看它们的运作方式吧。

在精密的医学仪器下，我们会发现，这个神经细胞的一端有一条长长的纤维。这条纤维连接着皮肤的某个部位或者其他肌肉细胞。它就像一条电话线，把信息从神经细胞传递给所连接的皮肤或者肌肉，同时把后者的感应传递回神经细胞中。于是，我们的思想、情绪和意志，都通过这种方式传达到了肌肉组织中，并刺激了肌肉的运动，最终将神经能量转化为肌肉能量。

如果你只希望一小块肌肉产生运动，那么会怎么样呢？你的这个愿望会以一种冲动的形式传递给神经细胞，再沿着细胞纤维传递给神经细胞所控制的肌肉，这样，肌肉就会接受指令的刺激而做出相应的动作。你的愿望就实现了。

但如果你希望多块肌肉动起来，那又会怎么样呢？如果你需要身体所有肌肉联合起来的力量呢？我们只需要利用此前提到的那根“长长的电话线”即可。其实，在神经细胞的另一端，还有许多较短的纤维，但它们发挥作用的空间有限。并且，只要神经处于休眠状态，它们就不会发挥作用。

但是，如果你对神经细胞发出的指令，它们所控制的肌肉无法完成，那么这些短小的纤维就会发挥作用，它们伸入到相邻的细胞中，并唤醒它们，再由它们唤醒其他细胞。在必要时，我们大脑的每一个细胞都会被激活，身体的每一块肌肉也会被调动，然后共同完成你的复杂指令。

就算你头脑中只有一个细胞有强烈的做事愿望，但是只要一直坚持下去，它就能最终如愿以偿。这是确确实实发生在我们体内的事，如果将你的愿望与持之以恒的精神相结合，那么这些确确实实的事情也能发生在你身上。

我们应该意识到，正如细胞是我们身体的一部分一样，我们也是浩瀚宇宙中的一个细胞。当你伸出手，抬起脚时，你其实是在利用那些与大脑相连的肌肉；当你利用自己的财富、关系办事时，你也同样是在利用你的大脑细胞。而这只是伟大宇宙精神控制之下的一小部分力量。

当你工作时，可以通过调动部分肌肉来达到目的。如果你唤醒了体内的神经细胞，那么你就能调动全身心的力量。你可以试着先让神经细胞调动相应的那块肌肉，然后逐渐扩大范围，直到所有的肌肉都被调动起来。这样，你就能完成复杂的任务了。

也许你曾经认为，我们靠大脑中一个微小的神经细胞来完成那些复杂的工作，是多么的不可思议。你一定认为，这是徒劳的，因为没有哪一个独立的细胞或肌肉可以做到。

可是，你自己也是无边宇宙的一个细胞。你不妨想一些不可思议的事。要实现自己的愿望其实很简单，只需要唤醒你周围的细胞，并让它们行动起来。

如何才能做到这点呢？其实，我们大脑中任何一个细胞都能做到。当然，你也可以采取祈祷的方式。也就是说，要有一种强烈而执著的愿望，这是获得成功的首要条件。

愿望是成功的种子，它需要培育，但必须首先播下这颗种子。它能激发我们大脑的神经细胞，调动神经细胞所控制的肌肉，同时调动其他的神经细胞，共同完成工作。

印度婆罗门教有一本古老的经典，叫《吠陀经》。书中说如果两个人能把他们的精神力量合在一起，那么他们就能征服全世界。

耶稣也这样告诉我们：如果你们中的任何两个人齐心协力，那么就能成就任何事情。如果有几个人以我的名义相聚，那么我就会时刻在他们身边，并满足他们的愿望。

如果有两个或更多的神经细胞为了同一个目标而联合起来，那么它们就能调动所有的细胞，共同为这个目标服务。当然，这并不是说一个单一的细胞或个体就不能做成某件事，而是说，如果有多个细胞或个体联合起来的话，那么就有更大的可能取得理想的成就。

据说，上帝在创造人类时，就给予了他们支配地球的权力。这就是说，你体内的所有神经细胞都能够支配你的身体。如果你怀疑其真实性，那么不妨实验一下，让自己的某一个神经细胞处于激奋状态，你会发现，身体的所有神经细胞都被调动了起来，以消除这种刺激。

坚持一个愿望，你体内的神经细胞就会为了这个愿望，而使所有的身体细胞都运作起来。坚持一个愿望，宇宙中的所有个体，都可以使世间一切细胞运作起来，只要这个愿望要求你必须这样做。

你属于这个世界，同时，这个世界也属于你。无论你是王子还是布衣，无论你是白种人还是黑种人，这些都不重要。因为，你对神经细胞的指令做出反应的时候，是不会在意这细胞怎么样的。不管贫穷还是富裕，宇宙的精神力量都是没有差别的。不管它是处在显赫的地位，还是在卑微的角落，都可以与其他细胞一样，既可能给你带来麻烦，也可能给你带来满足。世间的万事万物，都遵循着这个法则。

人人生而平等。如果要说有什么差异，那就是每个人对自己能力的认识不同。你对自己有多了解？你为此做过多少努力？“了解是第一位的，然后所有问题都迎刃而解。”现在你应该更确信这一点了吧。只要有正确的认识，你就能成为世界的主宰。还有什么比赢得了解更为重要呢？

不幸源于你的内心

让生命失去欢乐和色彩的不是痛苦，而是我们片面地看生活的视角，让生活走向苦难和失败的不是“顽强”得无法逾越的困难，而是我们将自己牢牢锁拷住的心灵枷锁。没有谁的心灵是永远完美无缺的，心灵也会困惑，也会迷茫，也会有受限的时刻。放飞心灵的翅膀，让生命没有约束的飞翔!

1898年秋天，克隆迪克兴起了淘金热。加拿大政府不欢迎“身无分文的傻瓜”，所以去淘金的人，必须带着一千美元和一顿粮食才可以通过奇尔库特关口，不然就只能被无情地拒绝。

死亡就像奇尔库特关口，每个灵魂都必须通过它才能到达应许之地，不同的是那里没有警察会因为你没有粮食和装备而不让你通过。你可以通过，但不是去应许之地，而是去地狱。

地狱是一个黑暗、孤寂的地方，而不是鬼影重重的惨状，地狱中的人没有带过去任何感知能力，因此他们找不到去应许之地的路。

《新约》中地狱一词是“Gehenna”，出自“ValeofHinnom”，它是耶路撒冷城外的一片垃圾场。也就是说，地狱是存放垃圾和废品的地方，地狱是那些通过“鬼门关”，但在另一个世界没有任何才能之人的居住地。

在密歇根州的一个路边小站上，一个伐木工人正在等车。他肩上背着一个装粮食的包袱，那里面是他的换洗衣服和全部家当，伐木工看到一个同样在等车的人正盯着他的小包袱，就解释说："六十二了，我积攒的东西都在这个旧包袱里。"

你的包裹里装着什么呢？你为人类又做了什么？你为世界奉献了什么呢？你做过哪些善事？你有高尚的人格吗？你为他人提供过哪些无私的服务？

你原本就不平凡的生命将从此刻起大放异彩，它会使你的生命力变得空前强壮而旺盛，让你过上健康快乐的生活，使你的人生幸福美满。人类的强大就在于潜意识中蕴藏着宛如宇宙般无穷无尽的巨大精神能量。只要你愿意充满信心地去提高和挖掘自己，就一定可以找到可行的途径或方法实现这种惊人的改变。

而这种神奇的力量正是你自身本来就已经拥有的，你无须再去茫茫无际的外界苦苦找寻，你唯一要做的就是立即去充分地了解它，进而真正学会并熟练运用它。本书就是着力引导你去全面认知这种非凡的能量，切实掌握它，使它深深融入你鲜活有力的生命，成为你有形自我和精神自我的无比坚固的一部分。如此，你就能一往无前地战无不胜、攻无不克，完完全全地把控自己人生的命运。

乐观是我们内心的乐观，悲观也是我们内心的悲观，这一切的根源都是出自于我们的内心，而事情的本身往往不带有任何的色彩，之所以不同的人有不同的看法，是因为我们内心有一双有色的眼睛，所以，所有的事情在这双眼睛里都是同一个颜色，而令人不幸的是，很多人心灵眼睛的颜色是灰色的，是不幸和悲观。

悲观使人闭塞，乐观使人开放，当悲观的眼睛看到了太多的悲观，于是不幸就坚定地跟随了自己。然而，你要知道，这个不幸的灵魂不是别人强加给我们的，而是自己消极思维不断地积累出来的。如果不去改变我们心灵眼睛的颜色，这个不幸的灵魂终有一天会让我们窒息。为什么不换一种颜色呢，尝试着去看到生活中积极的一面，去发现别人的优点，在不幸的灵魂窗口上打一个孔出来，这时我们就会看到有阳光照射进来，让阳光洒满你的全身，浑身舒坦，于是第二束阳光也跟着进来了，慢慢地，不幸的灵魂支离破碎，灿烂的阳光环抱着你。

每个人在昨天、今天、明天都必然谱写出属于自己人生的或壮丽或灰暗的蓝图。我们从一个个稍纵即逝的昨天迈步走来，在唯一可真正把握的今天用积极勇敢的行动点燃鲜亮夺目的希望之火，把近在眼前的明天之辉煌绚丽的梦想放飞出去。在这之中，最重要的就是紧紧抓住今天，但昨天的种种经历与感悟也不能轻易忽略，它们是今天我们能够做出理性而正确选择的前提。世界多维而多彩，生命亦是珍贵而美丽，但所有这些缤纷与绚丽是呈现给那些有准备去接受而不是茫茫然毫无知觉就匆匆走过的人们的，让我们都成为用心来感悟美丽人生的人吧。慢慢深入地领悟这个世界，我们将会获得更多泉涌而来的感悟与自信，我们的生命也会因此更为深刻而丰富，充实而亮丽。

通过对生命的了解，你将相信在你的生命中会更加充满能量；你将使你的生活方式更健康、更积极；你也将因此体验到更多的幸福和成就。

然而在此之前需要注意的是，这种能量并不是你要努力求索的，事实上，它已经隐藏在你身体当中了，只是你还未发现它、了解它，因此无法自如地运用它。科学研究表明，在人类的潜意识当中隐藏有无穷的能量。我们这本书就是让你去认识、掌握这种能量，并把这种能量与你的生命融为一体，使之成为你生命中的一部分。这样一来，你就可以发挥出自身的潜能，征服一切困难。记住，只要你有志于改变和升华自己，就一定可以做到。

每个人的生命都不断重复着这样的历程，昨天、今天、明天……在昨天，我们收获了许多经验和感悟，在今天，我们用行动将希望点燃，而明天，我们将放飞我们的梦想。今天固然是最重要的，但昨天的经历和感悟也不能忽略，因为它们是人生的积累，是今天我们做出正确选择的前提。因此，请认真去感悟你的人生吧，世界是多彩的，人生是美丽的。这种多彩与美丽是呈现给有准备去接受它而不是浑浑噩噩走过的人的。认真领悟生命中的每一天，领悟这世界，将会使你收获更多的感受和动力，会使你生命的意义更深刻、更美好。

我们生命当中的每一天都是明天，也是今天，也会成为昨天。好好回首每一个昨天，把握和感受每一个今天，就会迎接灿烂辉煌的明天。

让生命安住当下

在宇宙中，“自我”是一种伟大的身份，是一种永恒的精神力量。自然界是万物的身体，精神力量是万物的灵魂，自然与精神力量浑然一体。人就是精神力量的化身，有能力成就一切，获得一切。

无论你年龄多大，出身高贵或贫贱，都不会阻碍你发觉自己的精神力量。如果能认识并利用内在的力量，艰苦奋斗，那么就能克服任何不利条件，走出逆境。如果你只是单纯依靠物质财富或朋友，那么就会跟曾经的异教徒一样，一败涂地。

物质财富和朋友固然是人生的珍宝，如果失去他们，就会失去一切。但是，你的内心还有一股强大的精神力量，它能指引你前进，让你得到一切美好的东西。但愿你能认识到这种精神力量，并有效地利用他们——尽管只有极少数人能做到。

2012年11月9日，当我的代理人从法院拿到最后一份判决书的时候，他在法院打电话告诉我：“对方输了！”从他的声音里，我听出了他无法掩盖的兴奋和激动，但我却没有笑容，在我的内心深处又出现了一个声音：“太不容易了，将近五年的磨难终于可以划上句号了，我的航船终于可以启舵了。”

虽然在这段遭受他人诬陷、诽谤、陷害和遭人误解的日子里，我对自己的人生怀疑过、徘徊过，但我始终坚信：如果你希望自己的人生取得成功，那么你就要强烈地渴望成功，并要有坚定的决心和持之以恒的精神。你要意识到，只要你渴望拥有某种东西，那种东西就会在不远处等着你去获取。

在遭遇这些挫折和打击之前，我曾经有过很多的梦想和宏伟的计划，但是当自己真正迈出这一步的时候，却发现自己并没有想象中的那么容易，因为我把人性看得太过于简单了，正因为如此，虽然我很坚强和勇敢，但几乎所有的事情都是在脱轨运行，完全不是自己预想的那样，大部分的时候都是在被事情推着走，疲惫和无助的情绪经常围绕在我的身边。为了公司的生存，我几乎放弃了之前所有的兴趣爱好，改变了习惯，朋友们都说我不再是以前的我了，但我没有后悔，因为我知道，要想成就一番事业，就必须要做出很大的牺牲，没想到最终却是这样的结果——世界如此险恶，你的内心应该无比强大。

这就是内在的力量！内在的力量才是我们握有的最强有力的武器啊！掌握情绪，品味人生！

由于人生经历了很多的变故，所以这几年一直沉浸在佛学的研究中，在这个过程过，我明白了一个道理，很多人都说当下的人很脆弱。其实古往今来，凡脆弱之人莫不离佛家所说的“贪、嗔、痴”三毒。

什么是贪呢？大家都知道，蛇吃饱的时候是最脆弱的，为啥？给撑的。贪多的人同样也是脆弱的。而现代人之脆弱更是显而易见，为什么？要得太多。房子要，而且要大，月供自然也就多了，甚至有的还成了房奴；还得有车，而且要好，有车自然就更不能闲了，总要找事开车耍耍吧；教育不能输在起跑线上，择好校、兴趣班，业余忙得不亦乐乎；身体也要保证健康吧。减肥、养生有讲究啊；人脉要广、朋友要多；赚钱要快、要多，于是时间更不够用了；上班有份收入自然不够，咱还得业余学投资炒股票等，总之都不是省心的事；女人要漂亮，追到手不容易；衣服要多，出门费时那个挑；手机要新，得不时跑商场换，另外，里边功能多了自然人也没法闲着；文凭和执业证也要好、要多，艺多不压身嘛……结果如何？打个比方，有了车，人就要花时间和精力考驾照；上路了不时来个碰刮还得费时找人理论；停车的地方担心被偷或被刮花；朋友借车矛盾着借是不借……真的多多益善吗？

其实，求得越多，未来的变数越多，变数越多矛盾越多，矛盾越多自然越费神费时，何来宁静？这或许正是今人较之古人更容易出现心理问题的原因之一吧。纵然你胸掌易变之道、兵家应变之法，或许都不如一个“知足知止”来得高明吧。

什么是痴呢？无明、愚昧、自以为是、刚愎自用皆乃痴。人之脆弱，除了因“贪”给撑坏了，还有一个更普遍的原因，就是“痴”。君不见，多少人为情所困，为财所困，为孩子教育所困，为健康和减肥的问题所困……何为困，难也。何至难，不得法也。为何不得法，愚痴也。凡事不得法，缺乏正见，自以为是，在错误的道路上狂奔，失败是必然的，失败多了自然也就脆弱了。夫子曰：学而不思则惘，思而不学则殆。此话或可多少助益脆弱的“痴”人。

凡能不愚痴者是少数，但这少数不愚痴之人，固然什么都能做得来，但不少还是死在前者——“贪”。那是累死的，不是笨死的。

什么是嗔呢？嗔就是怨。时下兴谈过一种“不抱怨的生活”。这亦从反面说明了当下人们普遍存在着脆弱之面，即“嗔”。为什么嗔？贪多不消化会嗔，愚痴到最后也会让人嗔。而缺乏生生之善，更是让人生嗔的根本原因。何为善？从独善角度而言，乐观、自信即是善。人常说，快乐是最大的善，就是这个意思。人不乐观，凡事悲观甚至失去希望自然容易生嗔心，可以说乐观、自信是成事的必要意愿。刘伯承点出《孙子兵法》精髓的其中四个字：趋利避害。可见，求于势而不责于人方是为人处世常胜之道；从兼善角度而言，人如不能体察他人之苦，亦会生嗔，总以为全世界自己是最可怜的，一味陷于自怜自艾中不可自拔，则不免偏于一隅、坐井观天。

生活中乐观而又有仁心的人少有，多是怨天尤人之人。可见，嗔之毒存在久矣！

所以说，真正的力量就产生于我们躬身自省，不断完善，去除此“三毒”之中。

这也就是人们常问的，什么样的人最有魅力？什么样的女人可以抓住男人的心？什么样的男人才是真正的男人？我愈来愈觉得，答案就是：内心有力量的人。什么叫做有内在力量？就是遇到困难，碰上痛苦，能够坦然与自己负面情绪相处的人。困难大家都有，痛苦谁人也不缺，只要是人，这些都是无可避免的。但是内在力量强大的人可以不受苦。如何培养内在力量因而不受苦呢？其实非常简单，就是感觉自己在受苦的时候，欣然接受、承受痛苦，接纳逆境的不顺，那么你的内在力量就会一点一滴地被培养出来，就像我们锻炼肌肉一样，是需要一段时间的。

内在的生命之力

一切力量皆来自于内在世界，而且绝对在你的掌控之下。它来自准确的认知，来自准确的原则的主动践履。发现自己，运用自己，改变自己，乃是实现任何目标的不二法门。

也愿你认知这种能量，意识到健康，感悟到幸福，汲取其中的精神能量，直至它们为你所拥有。那时，它们将与你合而为一，再要分开是不可能的。世间万物，对于拥有内在力量可以控制它们的人来说，都是可以改变的。你无须去获取这种力量，你已经拥有它。但是，你应该去了解它，去运用它，去掌握它，去把它注入到自己的生命之中，这样，你就能够勇往直前，征服面前的整个世界。日复一日，当你慨然前行，当你动力倍增，当激情的火焰热烈燃烧，梦想的蓝图渐次清晰，内心的感悟与日俱增，那时，你将会认识到，世界绝非一堆没有生气的木石，而是活生生的存在！世界是人类跳动的心房，是生命，是美。显而易见，感悟是必须的，它与上述一切共同发生作用，而那些深入领悟的人，将被新的光芒所照亮，充满崭新的力量，从而每一天都将获得更大的力量与自信。你将认识到，你的希望，你的梦想，都会变成现实。生命的意义，也比以往更深刻、更丰富、更清晰。

心智是创造性的。外在条件、客观环境以及一切生活际遇，都是我们心灵中习惯性或支配性的心态所造成的结果。我们的所思所想，必然决定着我们的心态。因此，一切力量、成就与财富，其奥秘全在于我们的思维方式。这是真的，因为在我们“做”什么之前，我们必须已经“是”什么了。我们只能“做”到我们所“是”的程度。而我们“是”什么，则取决于我们“想”什么。我们无法显示自己所不具备的力量。要想拥有力量，唯一的途径就是意识到力量的存在；而要想意识到力量的存在，我们就必须懂得：一切力量皆源于内心。

内在世界的确存在——这是一个思想、感觉和力量的世界；一个光明、鲜活而美丽的世界；尽管它无影无形，但却强大有力。内在世界由精神统治。当我们发现这个世界的时候，就可以找到所有问题的答案，所有结果的动因。既然内在世界服从于我们的掌控，那么，一切力量和财富的规律也就尽在我们的掌握之中了。外在世界是内在世界的映射，正所谓相由心生。在内在世界中，可以找到无尽的智慧、无尽的能量、无尽的供给，它足以满足一切需求，并等着你去开启、发扬、释放。如果我们认识到了内在世界的潜能，这些潜能就会在外在世界中成形。内在世界的和谐，将会通过和谐的景况、惬意的环境以及万物的最佳状态反映在外在世界中。这正是健康的基础，也是一切伟大、力量、功绩、成就和胜利的必要条件。内在世界的和谐，意味着一种能力，它使我们能够控制自己的思想，由自己来决定一切经历加诸我们的影响。内在世界的和谐，会带来乐观和满足；而内在的满足，也将带来外在的富足。

外在世界，反映出内在意识的情形和境况。如果我们在内在世界中找到了智慧，就会领悟到如何辨别潜伏在内在世界中的非凡潜能，并将获得在外在世界中彰显这些潜能的能力。

一旦我们认识到了内在世界的智慧，我们就会在精神上拥有这种智慧，并通过对这笔精神财富的拥有，从而拥有实际的力量和智慧，去彰显那些为我们最充分、最和谐的发展所必不可少的本质要素。内在世界是一个实际的世界，在这个世界中，凡是有力量的男人和女人，都会产生勇气、希望、热情、信心、信赖与信仰。借助这些，你可以获得非凡的才智去领悟梦想，获得实际的能力把梦想变成现实。

我们可以相信，心智本身是一种静态能量的微妙形式。所谓的"想法"就是由此能量而生的，想法是心智的动态阶段。心智是静止的能量，想法是活动的能量——心智和想法是同一事物的不同阶段。想法正是心智由静到动的转化过程中绽放出的勃勃生机。

一切属性的总和，都包含在宇宙精神之中，它无所不能、无所不知、无所不在。因此，这些属性在每个人身上也无时无刻不如影随形。所以，当一个人思考的时候，他的想法就被它所拥有的特性所推动，并在客观世界或外在环境中体现出来，与它的源头相呼应。任何想法皆为因，任何境遇皆为果；由是之故，控制自己的思想以产生令人满意的外部环境，绝对是本质之所在。

显而易见，如果你能够对这一法则领会贯通，对自己的思维进程加以掌控，你就能在任何境况中应用它。换言之，你就能够有意识地与无所不能的宇宙法则协作互动，而这一法则乃是万物的根基。宇宙精神是客观存在的每一粒原子的生命法则；每一粒原子都持续不懈地努力彰显出更多的生机；每一粒原子都是智慧的，它们为何而生，也将为何而尽心竭力。

多数人生活在外在世界中，少数人发现了内在世界，然而，恰恰是内在世界造就了外在的一切。因此，内在世界是富有创造力的，你在外在世界中所找到的一切，都是你的内在世界所创造出来的。

当你理解了外在世界与内在世界的这种关系时，这一体系将让你认识到属于自己的力量。内在世界是因，外在世界是果；想要改变结果，必须从根源做起。

你立刻可以看到，这是一种全新的、与众不同的理念；大多数人都是试图通过对结果的运作来改变结果。他们没有看到，这不过是把不幸的形式由一种改变为另一种。要想去掉不和谐，必须去掉它的“因”，而这个“因”，只能在内在世界中找到。

一切生长都源于内在。万物皆然，显而易见。任何植物、动物乃至人类都是这一伟大法则活生生的见证，而往昔的谬误，正是因为人们从外在世界中寻找力量或能量。

内在世界是宇宙中一切供给的源泉，外在世界是喷涌而出的川流。我们接受容纳的能力，取决于我们对这一宇宙源泉的认知，每一个个体都是这种无限能量的出口，而每个人对于其他人而言也都是如此。

认知是一种精神过程，而精神行为正是个体与宇宙精神交互作用的体现；由于宇宙精神是一种无处不在的智慧，充斥天地万物，激发一切生命，这种精神的作用和反作用也就是因果关系的法则，但这一法则并非建立在个体之上，而是建立在宇宙精神之中。它并非是客观感受，而是主观进程，它的结果也将体现在一切境遇和经历的无穷变化之中。

改变内心会使整个人生更美好

心理健康可以被定义为一种乐观、自信，能让我们拥有对每件事情保持愉快心情的态度。它和身体健康很像。为了要达成这个计划，我们一定要每天不断地去做，直到它成为我们的第二天性为止。

这样的过程并不容易，但是不断地努力与持续地练习将会让我们辛勤耕耘之后得到丰收。这种过程绝对会让我们整个人生变得更美好。

许许多多的人都没有意识到，当我们走进一家鞋店的时候，可以买一双灰色的鞋，也可以买一双棕色的；当我们走进一家服装店的时候，可以买一件最昂贵的衣服，也可以买一件最廉价的衣服；当我们打开电视机的时候，可以看中央电视台的节目，也可以看凤凰卫视台的节目；当我们面对工作时，可以选择一家高科技企业，也可以选择一家传媒企业。

为什么会出现这么多的选择呢？这一切都是源自我们的内心。所以说，如果我们在内心深处决定做一个什么样的人，生活就会给我们什么样的回报。

古老的《圣经》讲过一个撒马利亚国王的故事，他的城市被敌军包围，人民处于饥饿之中。虽然书中并没有做过多的描述，但是，这个场景已经够恐怖的了。

有一天，国王在墙城上巡视，穿着自己的王袍。两个慌慌张张的女人告诉他，她们不得不杀掉自己的孩子，并且把他们吃掉。国王听到之后，感到很震惊，于是把自己的王袍当了出去。

站在国王身边的人看到——这位国王在王袍的里面只穿着一件麻袋布。那些曾经嫉妒国王的人感到很惊讶。原来，这位国王也忍受着巨大的痛苦。

如果我们能够看透一个人的话，我们就会发现，每个人的内心深处都深藏着悲伤。有些是丧失亲人的痛苦，有些是失望，有些是困惑，有些是诱惑，不为外界的人们所了解。

很多读者一定听过巴岱莱夫斯基弹奏的钢琴曲。如果你听过了的话，你永远也不会忘记他的这段经历。那是一种伟大的艺术家天才而又魔术般的感染力。

但是又有谁能知道，巴岱莱夫斯基的小女儿是个瘸子，他的妻子虚弱而又劳累，他的岳父还有心脏病。这就是他内心之中的忧伤。人们看到的往往是胜利的喜悦，并且总是很嫉妒这些胜利者，但是，人们却看不到深藏不露的“麻袋布”，不知道胜利者以多么大的勇气默默无闻毫无怨言地承受着巨大的痛苦。

在伦敦的圣·保罗大教堂，会有很多人去听著名哲学家和牧师英奇教长的演讲。他的语言辛辣，是那个时代伟大的思想者和著名的学者。但是，他可爱的小女儿却是一位残疾人。孩子以非凡的勇气面对这一痛苦，死去之后，给这个世界留下了一片光明。

如果我们了解所有的情况，我们就会理解他人，以一种更善良的态度去评价他人。华贵的王袍下面可能暗藏着痛苦，爽朗的笑容背后可能暗藏着忧伤。

为什么这么奇妙呢？心理学家指出，其实，在每一个人的内心深处，多少都隐藏了一些负面的东西，这些负面的东西使我们不敢相信自己能够成功，常常会驱使我们做出危及自己的事情，常常在工作中质疑自己是否有成功的能力，对自己没有做成功的事，常常找各种借口来为自己辩解。所以说，为了避免这样的事情影响我们的生活，我们就必须不断地去改变自己，改变自己的内心，我们一定要相信自己。不要让自己沉浸在过去的挫败之中，人生并不是风平浪静的，总会遇到许多挫折和困难，只要我们换个角度，换个位置来面对这些挫折和困难，或许我们就会有这样的想法："挫折和困难是对我们成功的考验"，有了这种想法后，我们离自己的目标也就不远了。

发现你内在的力量

生命，不是一个从无到有的过程，而是一个逐渐展开的过程。凡是在外在世界所获得的东西，都是我们在内在世界已经拥有的东西。一切财富，都建立在认知的基础之上。所得，皆是认知累积的结果；所失，皆是认知耗散的结果。精神的功效与和谐紧密相连；不和谐意味着混乱，因此，凡能获得力量的人，必然与自然法则和谐共处。我们凭借客观的心智与外在世界连结起来。大脑是心智的器官，脊椎神经系统把我们身体的各个部位自觉地联系在一起。这一神经系统，对光、热、嗅、声、味等一切知觉做出反应。当我们的心智能够正确地思维，当心智通过真理之光，当思想通过大脑——脊椎神经系统将建设性的信息传递到身体的各个角落时，这些知觉将是和谐而令人愉悦的。但结果是，我们正是通过心智，将勇气、活力以及一切建设性的能量注入我们的身体；同样，也是这种客观存在的心智给我们的生活带来许多的悲伤、疾患、匮乏、局限以及各种混杂、不和谐的成分。因此，错误的思维方式将通过客观的心智将各种破坏性的力量施加在我们身上。我们与内在世界的连接是通过潜意识建立的。太阳神经丛是此种心智的器官；交感神经系统操控着各种主观感觉，如快乐、恐惧、爱恋、感情、热望、想像等各种潜意识现象。正是通过这种潜意识我们得以和宇宙精神相连接，和宇宙中无限的建设性力量建立起联系。生命的伟大奥秘，正在于人类生命这两大中心的协调，以及对其各自功能的感悟。有了这一认知，我们才能够使客观心智和主观心智自觉协作，从而使有限和无限协调统一。我们的未来全然掌握在我们自己手中，而无须听凭反复无常的外部力量所摆布。所有人都承认，只有一种法则或意念遍及整个宇宙，占满所有的空间，其所在的每个地方，本质上都是一样的。它是无所不能、无所不知、无所不在的。所有思想和意念都在它里面。它是万有中的万有。宇宙中有且只有一种意念能够思考；当它思考的时候，想法就转变成客观事物。这种意念无所不在，因此也存在于每个人的心中；每个人都是这无所不能、无所不知、无所不在的意念的表现形式。

正因为宇宙中有且只有一种意念能够思考，所以必然引出如下结论：你的认知必须同宇宙意念相一致，换句话说，就是万念归一。这个结论是不容回避的。聚集在你大脑细胞中的意念，与聚集在他人大脑细胞中的意念并无不同。每个人不过是世界或宇宙精神的个体化。

宇宙精神是静态的或潜在的能量，它仅仅是它，它只能通过个体的人昭示显明，而个人也只有通过宇宙才能彰显自身。二者是合二为一的。

个人的思考能力，就是他作用于宇宙并彰显宇宙的能力。人的意识仅在于人的思考能力。我们可以相信，心智本身是一种静态能量的微妙形式。所谓的“想法”就是由此能量而生的，想法是心智的动态阶段。心智是静止的能量，想法是活动的能量——心智和想法是同一事物的不同阶段。想法正是心智由静到动的转化过程中，绽放出的勃勃生机。

为了释放生命，必须先有意念；万事因意念而立。一切事物的存在，都是这一基本物质的某种体现，万物由此而被创造出来，并不断被再创造。我们生活在一片深不可测、可形可塑的精神实体的海洋之中。这种精神实体永远是生机勃发的，它极度敏感。它根据不同的精神需求而成形。它通过思想浇铸的模型或构造的母体而得以表达。请记住，这种理念的价值仅仅在于对它的应用。对这一法则的实际领悟，将能使富足取代贫困，令智慧取代无知，变混乱为和谐，化暴政为自由。毫无疑问，站在物质和社会的角度上看，没有比这更好的祝福了。

现在，让我们把它付诸实践吧！选一间可以独处、不受打扰的房间，坐直，保持身体放松，但不要懒洋洋地靠着。任思绪徜徉到能够达到完美静止的地方，持续一刻钟或半小时；连续做三四天或一个礼拜，直到你获得对身体的完全控制为止。

有些人会遇到极大的困难，也有人轻而易举就做到了。但要想取得进步，之前必须获得对身体的完全控制，这是必不可少的。

加强内在力量的修炼

生活中，很多问题，我们都可以通过对内在的修炼来解决。比如说，在同样的环境中，为什么有的人很快乐，有的人却很悲伤？有的人积极向上，有的人却消极沮丧？有的人富有，有的人却贫穷？所有的这些问题，都可以指向一个方向——我们的内在！

茶余饭后，放松休闲的时刻，不妨将本书拿来一读，并试着将书中的心灵修炼法则运用到你的实际生活当中，你会发现，生活似乎像被施了魔咒般发生了奇妙的变化。自己似乎被一种力量所牵引着，带你走出悲伤，走出困惑，远离愤怒，远离失败，让你挣脱心灵的枷锁，走向一个自由而幸福的人生！

刚开发美国西部大草原时，许多人由于找不到足够的水源，而将农场便宜地卖给了那些外来的人。他们在地上挖水井，可是挖了无数个仍然没有看见水。可那些新来的农场主顺着原来的地方继续往下挖时，没挖几尺就发现了水。原来的农场主在离成功仅有半步之遥的时候就放弃了，真是令人遗憾。

从失败的地方站起来，并且再深入一步，往往就能铸造伟大的成功。

有一句古老的谚语提醒我们：你失去了财富，便失去了很多；你失去了朋友，便失去了更多；而如果你失去了勇气，那么你就失去了一切。

家长和老师都希望孩子掌握三件法宝：知识、判断力和恒心。在这三者中，恒心是最重要的。很多人并没有接受过正规的教育，也没有精准的判断力，但他们都成功了，原因是他们都有必不可少的恒心。任何人离开这一点，都不会作出成绩。一个人如果没有实现理想的激情，没有一种力量激励他战胜人生的挫折，那么他就不可能实现自己的理想。

卡尔文·库里基说："恒心是无可取代的。才能无法取代它，许多有才能的人同样没有取得成功；即使是天才，也不能没有恒心。受过足够教育却一事无成的人到处都是。恒心和信念能给人巨大的力量。'加油'这个词帮助人类解决了无数的困难，过去是这样，现在如此，将来也不会改变。"

著名的教育家和演讲家卢塞·康威尔是坦普尔大学的创立者。数年前，他统计了一些成功人士的经历，发现在美国当时的4000多位百万富翁中，受过高等教育的不到70位。并且，大多数人都是白手起家。但他们都有着持之以恒的精神。正是这种精神，指引他们走向了成功。

康威尔的另一组数据说明，只有1/17的富人的孩子到老时仍然是富人。这简直与前面的数据形成了鲜明对比。绝大多数富家子弟没有恒心，也没有激励自己的动力，他们不仅没有自己创造出新的财富，而且没有保留好父辈的财产，将它们挥霍一空。

成功的首要前提就是要有一种强烈的渴望。体弱多病的人正是有了对健康的渴望，才产生了必然的毅力，这种毅力促使他坚持锻炼，所以他最终有了强健的身体。生长在犹太人聚居地的孩子，正是由于对富有的渴望，才产生了恒心和信念，所以他们最终也如愿以偿。

“明确地知道你需要什么”，仅仅这样是不够的，对你的需要之物，你还得抱着强烈的愿望，表现出持续的渴望。

渴望是意志力的火焰，意志力表现得积极，而强烈的渴望，不正是熊熊燃烧的大火吗？渴望给意志一个动机。当你的动机不强烈时，你的意志力就不可能十分强大。我们说一个人意志坚强，事实上是说他具有强烈的渴望。这种渴望让他发掘了自己的意志力，全力实现梦寐以求的目标。

渴望对人的影响十分惊人。它能够让人全力完成工作；它能够激发人的智力、鼓舞人的斗志、丰富人的想象力；没有了渴望的鞭子，我们前进的步伐就会慢很多。渴望的主旋律是“我想要”，离开了渴望，人就不可能积极行动。因此，完全可以认为，是渴望产生了积极的行动。

你的劳动强度，无论脑力还是体力，都取决于你对劳动结果的渴望程度。渴望越强烈，你的工作就越努力，效率就越高。同样的任务，如果你对它的结果毫无渴望，那么它就会变得异常困难。这些事实毫无疑问都是常识性的，日常经验已经屡次证明它们了。

俗话说：“你可以拥有想要的一切，也可以成为你想成为的那个人，只要你的渴望足够强烈。”这句话意味深长。一个人在期望、抱负、目标等方面，表现出来的力量、精力、意志、决心和不懈努力，主要是由他对工作结果的渴望程度来决定的。

离开了信念，你就根本不能表现出强烈的、殷切的、执著的渴望。如果你内心充满怀疑或者不屑一顾，那么你的渴望之火就无法被点燃，你也就无法取得成功。离开了信念，渴望的大厦就会倾倒，由渴望产生的力量就会大打折扣。信念是柴薪，有了它，渴望之火才会越烧越旺。

简单地说，渴望源于信念。信念坚定，渴望就会受到鼓励、支撑和维护；反之，渴望就会为怀疑、犹豫所限制，就无法展示它强大的作用。

内在无形也有形

生命不是静止的，生命中的每一次变化，每一次成功和每一次挫折，都是我们发现内在自己的机会。不要只会抱怨，只会沮丧，那毫无意义。生命中的任何经验，不管成功或是失败，都是我们进一步成长的机会，是我们发现问题，寻找本源，走向更高级生命形式的契机！

在我们的生命中，冥冥之中存在着很多无形的力量，信念的力量，自我认知的力量，感恩的力量等。你坚定不移地相信什么，这件事情在将来的某一时刻就必定会成真；你如何认识自己，就会决定别人对你的评价；你充满感恩地对待生活的一切，生活也会以感恩的形式来回报你，让你获得幸福和快乐！这一切的一切，取决于我们的内在——它是如何运作的！

内在是无形的，也是有形的。当你践行内在力量的时候，你会发现你的生命将变得平和，生命中的一切都在时间的指针中趋向圆满！

内心与内心之间有一种引力，这和身体引力的作用方式比较接近。在思想与事物之间，在思想与思想之间，都有一种力在相互推动。并且，思想最终都是对事物的分析。甚至在无生命之物那里，这个原则同样适用。现有的法则认为，宇宙万物，甚至是明显没有生命的实体，以及组成物质的原子、粒子中，都存在着思想。这一法则可以解释世界上许多神秘现象。

如果人们相处和谐，那么他们的思想振动、思想波、思想流、思想氛围就都会契合。所以，有着共同兴趣爱好的人，能够走到一起，凝聚起来。

你拥有了一个计划、一个目标时，它会长时间在你脑海中萦绕，在你实现它的过程中，有些人是必不可少的。你会把这些人吸引到自己身边来，同样，你也被他人吸引了过去。换句话说，每个人都有这样的倾向，把那些对自己有帮助的人吸引到身边来。只要这个人“内心怀着渴望，希望对方能助自己一臂之力”，只要对方对自己的理想同样感兴趣。

如果你能关注内心法则是如何起作用的，同时将其应用于实践，那么你就能够切实感觉到它的巨大作用。许多报刊杂志都报道过这方面的实例。在日常生活中，有很多这样那样的巧合。有些时候，人们会遭遇一些意料之外的情况，表面看来，这些情况似乎和人们的愿望并不相符，甚至阻碍着人们去实现愿望。但是，随着时间的推移，人们会发现，这些情况对目标本身是十分有益的。你一定也有过这样的感受吧。

刚开始的时候，人们将其归因于超自然或超人类的影响。但事实上，它们是与自然规律相符的，而且是人的巨大能量的一部分。

在很大程度上，你的状况与环境，以及遇到的所有事都是内心吸引定律作用的结果。它们都是内心观点、理想和构思的实现，取决于你思想中表达出的信念与期望。如果你的内心充满怀疑、不信任或缺乏信念，那么你的能量就会瞬间被削弱。

你的智力运作符合内心吸引定律，你就会藉此创造环境和条件，藉此找到达到目的的途径。和智力的所有形式一样，内心吸引是一种转化，因此主观理想成为了客观现实。行动表现出你的思想倾向，客观物质表现出你的思维形式。内心的想象取代了理想之位，它是那么清晰、明确和强烈。愿望的火焰照明了创造的道路，带来了前行的强大意志。然而，如果没有信念，就不会有强烈的渴望，愿望就可能被消灭，意志的作用就无从发挥，理想的航船也无法驶抵成功之岸。信念越微弱，愿望就越微弱，意志的力量也相应减弱，那么美好的理想怎么能实现？

离开了信念，充满信心的期待就无从谈起；离开了信念，愿望之火就会瞬间熄灭；离开了信念，意志的力量就会渐渐薄弱，理想的实现就会是空谈。当你想起内心吸引定律时，请一定要想起信念，因为信念才是真正的灵魂。

发挥你的内在动力

《联合周报》几年前刊登了一篇文章。讲到一对夫妇打算卖掉自己的房子，搬到其他地方居住。那个时候，全国正处于萧条时期。房地产经纪人对这对夫妇的决定并不抱希望。这时，这对夫妇的朋友说："我们会失去什么呢？我们为什么不祈祷上帝保佑我们呢？"

于是，他们坐在一起，开始了讨论。他们认识到：

首先，世界上只有一个大脑，就是上帝的大脑。每个人只是这大脑中的一个细胞。卖房者是，买房者也是。

其次，上帝的头脑是为了大家的利益而工作。这"大家"既包括他们自己，又包括那些想要买这套房子的人。

最后，上帝的头脑愿意帮助所有的人，包括他们自己，也包括买房子的人。所以，他们需要放心地让上帝来解决这个问题。

果然，房子很快就卖出去了。价格不错，并且是全额现金。

另外一期《联合周报》讲述了一个商人的故事。这位商人用信用卡买了很多架钢琴，并且还贷款买了车子、房子。有一天，银行通知他，还款日期快到了。他忧心忡忡、寝食难安。在妻子的帮助下，他排出了心中的忧虑，并开始求助于自己的精神动力。

第二天，一位职员来到他家，告诉他，有一位顾客买了一架钢琴之后很是抱怨。他立即赶往顾客家里，发现他仍在冒火。原来，这架廉价的钢琴有几根弦已经断了。商人立即给这位顾客换了一台新的钢琴。这样的举动，不仅平息了顾客的怒火，反而让顾客感到惭愧，以至于他觉得必须再买几样东西才能弥补此前的大发雷霆。于是，这位顾客又买了一架昂贵的钢琴，这台钢琴的价钱足够商人归还所欠的银行贷款了。

从人类诞生开始，我们的目标就是处理诸如此类的情况，并且只有你动用自己内在的力量，才能顺利地处理它们。

经书上说，我们的愿望，就是拥有强大的意志力。因此，你应该使自己能够持续获得意志力的帮助。这种帮助并不单指你的工资上涨了，或者赢得了奖金，或者遇到了贵人。而是要在保持现状的前提下，使我们得到更有前途的帮助。你不要总是这样告诉自己："当我付清这个账单之后，或是当我度过了这场危机之后，我就会轻松快乐。"你应该这样告诉自己："我现在就感到轻松快乐，既然解除了这个负担，那么我当然应该知足常乐。"

试想一下，如果你的愿望实现了，你会怎么做呢？那么，现在就那样做吧，以你设想的方式思考、生活。同时，谨记埃拉·威尔的名言："思想是一块磁铁，我们追求的快乐、财富、理想都是铁。前者能吸引后者，这就是我们心灵感应的作用。"

我们要立即行动起来，就像我们已经拥有一切。《圣经》第一章中，上帝想要光明时，不是去努力创造光明，而是简单地说："让这里充满光明。"

当你非常渴望实现自己的愿望时，不要处心积虑、不择手段地行动，而是要去找寻它，使它成为你的生活。

电流强度的公式是：C=E/R，C为电流，E为电量，R为电阻。电量一定时，电流的大小与电阻成反比。若电阻太大，就算电量再大，电流也是很小的。

如果我们终日紧张、焦虑、忧愁、不安，那么我们就是在为自己设置一个巨大的电阻，通过我们的电流微乎其微。

所以，我们应该坦然，就像约翰·伯勒斯所说：“我双手合十，安静地等待。无论狂风暴雨还是惊涛骇浪，都不能扰乱我内心的安宁。我不会费力地与时间赛跑，与命运抗争。我所有的渴望，都将由我内在的精神意志赐予。”

内在的富足吸引外在的财富

内在富足是实现外在富足的前提，它可以吸引外在财富来到你身边。

财富源于权力，不能带来权力的财富一文不值。任何事物都拥有某种形态、某种程度的力量；只有当事物能表达出这种力量的时候，它们才是有意义的。找到开启这种力量的钥匙，发现统治这种力量并使之服务于人类的规律，是人类进步的一个重要标志。它排除了人的生命中反复无常的因素，取而代之的是绝对的、不可改变的普遍法则。

这一伟大的法则遍及世界的每个角落。因此透彻理解这一法则，可以让我们获得开发拓展创造性思维的心智力量。而这种创造性思维，将给我们的生活带来神奇的变化。如果你能正确利用这一法则，绝好的机会将铺平你的人生道路，强大的力量将从你的内心中喷薄而出，乐于助人的朋友将不请自来，环境为适应你的需要而积极地作出改变，你会找到真正的“无价之宝”，走向成功。这就是许多人变失为得、变惧为勇、变绝望为喜悦、变愿望为实现的关键所在。

财富的获得，正是依赖于对财富规律的认知。它并不是竞争性的，也不是靠掠夺他人的财富来满足自己的。你应该为自己创造所需要的东西，而不是从别人那里拿走东西。大自然把丰富的供应一视同仁地摆在所有人面前，大自然的财富仓库是那么无穷无尽。如果有某个地方看上去不是那么丰富，还缺点什么，那仅仅是因为通道还有缺陷，人们不便获取。

或许有人会质疑，如果这些法则是真实的，那我们为什么不能加以论证呢？如果这些法则是正确的，那我们为什么没有得到正确的结果？其实我们正是这样做的，我们得到的结果完全符合这种被我们理解并应用的规律。这就好像当人们还没有总结出控制电流的规律时，我们根本就不懂得如何控制这些电流，也达不到更好的效果。

思考是精神的活动方式，思想是思考的产物。但凡思考，总会导致大脑、神经、肌肉等体系的物质反应，从而引发机体组织结构中客观物质的改变。所以，我们只要改变自己的思维方式，有主题有针对地进行思考，就可以使我们的身体组织发生彻底的改变。

思想的改变就是转败为胜的唯一法宝，勇气、力量、灵感、和谐，这些想法取代了原来的恐惧、无力、限制与不和谐，慢慢在心中生根，身体组织也随之发生改变，个体的生命将被新的光辉所照耀，守旧教条的事物已经消亡，万物焕然一新，你因此获得了新生。这是一次精神的重生，生命因得到重塑而有了全新的意义，它充满了欢乐、自信、活力与希望。不管过去你是怎么在黑暗中横冲直撞，现在，你必将看到成功的曙光。你还将发现新的机遇，你的头脑中充满了成功的渴望，并辐射到你的周围，旁人因受你的感染而乐于助你前进。他们会和你并肩作战，伴你通向成功。与此同时，你所处的外部环境也会发生改变，环境将为了适应你的需要而改变。所以，通过这样简单地发挥思想的作用，你不仅改变了自身，同时也改变了你的环境、际遇等外部条件，使成功志在必得。

开发我们内心的力量

为什么我们不能创造一个更快乐更幸福的环境呢？为什么我们不能消灭所有贫穷、疾病和不幸呢？

为什么？因为这种权力需要准确的理解和信念去应用我们的力量，但是大多数的我们并没有这种忍耐坚持做下去。人类会花几十年的时间去学习当一个医生、律师或者工程师。人们总是提心吊胆地首先锻炼职业的技能，后来发现如果要真正胜任自己的工作的话，需要多年的知识的足够训练与积累。

然而如果通过读一两本关于心理或者精神科学方面的书，并在第二天开始把理论付诸实践，他们不会很快就厌恶地放弃，并且指责那些理论不过是歪理邪说了。

在所有领域和学科中，没有一个专业能去教会人类内心力量的培养。对那些不屈不挠的刻苦的学生也可能没有一个可以肯定的结果。没有什么专业比这个更能被普通人忽视掉，十分之九的人——是的，百分之九十九的人——不过让自己的人生庸庸碌碌。然而在他们内心的发电机能提供去完成一个目标的足够力量时，他们却依然一事无成。

当然，他们利用这个发电机，但以什么为目标呢？找一个电影明星签名，或者去做一个臭名昭著的诈骗者，抑或为一个富得流油的贪污者的偷盗而愤慨不已。

他们所有人都感同身受，因为所有人都喜欢因为看着别人受罪而享受刺激。很多人在一生中都很少顾及别人的感受。

他们加速了他们的“发电机”，但对自身而言却并没有什么好结果。他们的经历都是虚幻的臆想，当他们离开一个电影院或者放下考卷或小说时，他们突然醒来了！他们从来没有为自己那些缺点和弱点去做些必要的努力来克服。

我们来假设包围地球的大气层是一个储存着巨大电能的蓄电池。每一种思想，每一个炽烈的愿望，每一份感情，都可以为这个蓄电池增加能量。每次你使用你的“发电机”的时候——内心充满爱、恨、害怕、嫉妒、希望或者信念时——你就为你的蓄电池加入了一些其他附加的能量。

但要让能量从蓄电池中释放出来的话，你必须要有良导体、好的电线、那些标明用处的电线，还有坚持。不想让力量慢慢消失掉的话，需要坚贞不渝的信念。

如果只是将电线和蓄电池的电池头来来回回摩擦着相碰，你是无法得到足够的电流的。你需要将电线紧紧地绕在电池头上，用螺丝帽固定住，越紧越牢固越好，这样才能得到恒定电流。

而且你不可以用裸露的电线，否则电流会随着任何一个首先靠近它的导体流失的。你所用的电线必须是被完好绝缘的，这样电流就能直接从电池流向你所想用的电器上了。

同样的道理，适用于你身体内能量的蓄电池，你可以按照自己的意愿来控制它，当你有强烈的欲望和真诚的祈祷时，你的身上会闪过这种力量，但是如果你想得到源源不断的力量的话，你必须首先有一个非常坚定不移的目标，然后是一个平静的信念，让它与其他事物隔开来。有了这些，就没什么限制或者影响你去控制你的力量或者影响你想做的事。

如果你失业了，或者有妻子在家等候，儿女嗷嗷待哺，或者房子随时面临被收走的局面，而你已经做了祈祷，已经竭尽全力去挣钱，却依然没办法，你会怎么办呢？该想什么办法解决呢？该去做点什么呢？

就像上面所说的，做事之前先有个理想图。这个理想图，意味着坚持不懈的努力。其实你的周围充满能量，一种不定形式的能量，你可以将它转化为各种你所希望的形式。

首先，是“文字”阶段，精神意念。你想要的是什么？地位、力量、爱情、财富还是成功？选出你的路线和模子。因为没有模子的话，即使是世界上最好的东西都无法进入你的身上。所以尽量定好你的模子，定好你想要的设计图。用你的心灵看清它，不要只将它看成别人的住宅、地位或者金钱。别人的所有只能作为你的典范，只要你想要，你就可以完全靠自己创造出一切来。

其次，能量的流动。抛下你的精神之网，将你的不定形的力量尽可能多地填充到你想要的模子中去，然后死死地抓住它不放手。它就是你的了。你有权利拥有它，没有任何人能从你手中拿走它，除非你变得虚弱或者不想要它了。一定要牢记这一点，不可动摇的目标，这样就没有任何事可以阻拦你前进了。

无论你想得到什么，一定要相信你可以拥有它，那么，总有一天你会得到它。无论你想要什么，在精神上你要承认它。然后向它撒下你需要给它的能量之网，坚持住，直到能量定了形。这时它就是你的了。你得到了它！你只要相信你已经有了它，因为还需要一点时间去增加你的力量让眼睛可以看到它。

但是，如果在能量还没有定型，处于流动阶段的时候你就放弃了信念，你的模子、你的希望就全都破灭了。它会像水银般闪着光芒而迅速向四面八方消失，如果你还想得到它的话，只能重新来过。重新定一个模子，重新用新的能量撒下你的网，重新消耗时间，并等待着它的出现。

我们生活在自然和社会的环境之中，并受到环境的影响。要想成为环境的主人，控制环境，就需要了解心智作用的相关法则。这样的知识具有极高的价值，它可以逐步掌握，一旦掌握就可以投入实践。这使我们和环境建立起了一种全新的关系，显示出了我们以前做梦也想不到的各种可能性。这些是通过一系列井然有序的规律而引发的，而这些规律必然与我们新的精神状态关系极为密切。但是控制环境的力量，就是它的结果之一；健康、和谐与繁荣是它的资产表格上的项目。要收获这批庞大的资产，它所需要做的，仅仅是为收获而付出的相应劳动。

古人看到蒸汽、电流、化学与地心引力等现象时一度恐惧万分，以为是魔鬼在惩罚人类。随着社会的发展和科学的进步，人们认识到这些不过是自然界的规律。人们将这些规律称为“自然法则”，这一发现解除了人们过去的恐惧，使他们明白了是自然法则而非什么魔鬼在惩罚人类，也就认清了迷信与智慧的区别，从而能够大胆地控制物理世界。

一切力量，正如一切软弱一样，皆源于人的内在。一切成功，正如一切失败一样，其秘密皆源于人的内心。一切成长都是内心的展开。显然，世上万物都符合这一规律。每一棵植物，每一只动物，每一个人，都在有力地验证着这一伟大法则。过去，人们总是错误地从外在世界中寻找力量或能量，却不知道这些力量恰恰存在于我们的内心。智慧、能量、勇气与和谐的环境，都是力量的结果，而我们已经知道，一切力量皆来自于人的内心；同样，每一种贫乏、局限或不利的环境，都是软弱的结果，而软弱就是因为缺乏力量所导致。它来自乌有之乡，它本身什么也不是，打败软弱的法宝就是开发我们内心的力量。

挖掘内心的强烈渴望

经常听到人们在讲“我渴望成功”，没错，成功是一种渴望，带着渴望的心理去追逐成功，成功终会一步步走近我们。

那么，渴望是什么？渴望对我们的行为起到了什么样的作用？

“渴望”从现代汉语的角度解释是迫切的盼望、殷切的希望。这个解释好像还是很笼统。我们来看一下《说文》中是如何解释的。渴，水干涸。望，流亡在外，望其还也。《说文》中解释的是这两个汉字的本意，从这本意的解释之中，我们不难发现，不管是水干涸，还是流亡在外，望其还，都反映出人们内心焦急、急迫的一面，所以，渴望成功，就是急切、迫切地想要成功。

渴望是人们在后天的所见所闻中产生的心理需求，然后支配人的行为。深入地挖掘、引导、维持一个人的渴望，能够最大限度地展现出我们每个人的巨大潜能，那么，如此这般，成功的脚步也就越来越近了。

自从人类开始以群居的形式出现，社会就开始形成了，于是阶级、地位、名誉这些对人与人之间差别的判定也就出现了，穷人渴望成为富人，员工渴望成为老板，这些都是在社会这个范畴中人们心理的活动。渴望成功，是人们不断进步，不断追求提高的概括性总结，正是由于这种渴望的存在，才使人们积极地去学习，不断进步，开拓进取，促进了人类社会的向前发展。所以要想成功，就必须有强烈的渴望，在这种强烈渴望的作用下，人们才能支撑起一个伟大的梦想，才能克服掉人性的弱点，不畏辛苦，不惧失败，最终走向成功。

你要知道，世界上所有创造了巨大财富的人，所有最终走向自我成功的人，他们起初或多或少都先有自己心中的伟大梦想，有着对未来的希望，对未来的渴望，然后他们跟着内心的渴望去行动，最终获得了财富，获得了成功。

渴望，是内心超越一切的热切的悸动，一个人要想成功，要想拥有自己想要的任何东西，都必须要有破釜沉舟的勇气和决心，切断自己的所有后路，只有这样才能奋不顾身地勇往直前，保持一个勇者必胜的心态，那就是内心对成功的极端热切的渴望。如果你没有那么大的决心，没有那么好的心态，如果你不是强烈地渴望着自己的成功，不愿意为自己的成功付出努力和代价，成功永远不会眷顾你！

拿破仑·希尔曾经说过：“任何一个想要在事业中成功的人。都必须甘愿破釜沉舟，斩断后路，唯有如此，才能确保那种炽烈的渴望胜利的欲望，而那正是成功的根本要素。”

现实生活中，你见过哪个人没有对成功的强烈渴望，没有付出自己的艰辛和努力，轻而易举地就成功了？从来没有。

从前，有一位年轻人，想寻求成功之道，便不远万里来到一处深山中请教一位智者。因为，这位年轻人听说，很多人在这位智者的启发下，最终都走上了成功之路。

年轻人找到智者后，便问他：“禅师，您好，请问，什么是成功之道呢？您能告诉我如何去做才能成功吗？”

智者听后，看了看年轻人，对他说：“你想成功是吗？好，那你请跟我走吧！”

智者并不等年轻人回答，就径直朝山下走去。他们来到一处湖边，智者对他说：“跳下去！”

那位年轻人疑惑地看着智者，但是为了了解到成功之道，年轻人没有说什么，跳向了湖中。那湖水刚好没过年轻人的胸部。

接下来，那位智者也跳下湖中，他不由分说拼命地将年轻人的头往湖里按，那个年轻人快受不了了，他奋力抵抗、挣扎，想要摆脱自己的困境。可是这位智者，却一点也不留情，大约过了一分钟，他才松手。

年轻人喘息着，对智者咆哮着：“难道你想淹死我吗？”

智者并不生气，缓缓说道：“这就是成功！你懂了吗？”

是啊，如果你渴望成功的意志能够像渴望呼吸和生存那样强烈，全身心投入进去的话，那么，你就已经走在成功的道路上了。

那么，我们应该如何挖掘自己内心的强烈渴望呢？

首先，问问自己，为什么想要成功？马斯洛将人的需求分为五种，像阶梯一样按层次逐级递升，分别为：生理上的需求，安全上的需求，情感和归属的需求，尊重的需求，自我实现的需求。你是哪一种需求呢？

其次，将自己心中的这种愿望转化为渴望。

愿望只是平静的希望，“我想要成功，我希望自己很富有……”他不连带任何的行动，只是心里的一个想法，但渴望却不同，它是一种连带行动的内心活动，内心强烈的渴望能够让人在行动中超越一切困难，奋勇向前。

最后，不断强化自己内心的渴望，让它如烈火般燃烧起来。那么，你将无所不能。

我们现在可能一贫如洗，我们可能生活在贫困中，但是这并不意味着我们永远这样！怀着我们对成功的强烈渴望，去战胜眼前一个又一个困难，跳过一个又一个拦路之石，向梦想迈进。

看看那些成功的企业家，哪一个不是怀着创业的强烈渴望，带着行动的激情和伟大的力量，向自己渴望的世界迈进，最终走上创业的成功之路？

从来没有随随便便的成功，成功需要付出代价！而人类的渴望正是拥有着神奇而巨大的力量，它能积聚一个人的所有能量，让我们超越一切艰难险阻，让我们走向我们美好的人生！

对于任何事物，任何成功，你都可以渴望得到，热烈渴望它，专注于它，最终得到它！

相信自己吧，相信自己能够做成任何事情！信心让我们的渴望更加坚实，它能够将一个人从平庸拉向伟大，使一个人从卑微走向富贵！只要你相信自己，只要你怀有强烈的成功渴望，在这种渴望的支配下不断向前，没有什么是不能实现的！它能让我们心中的美丽梦想变得实实在在，将我们推向成功！

在你的内心有一种深深的渴望吗？安静下来，离开喧嚣和繁华，离开浮躁的世界，认真地听一听你内心的渴望吧！

第四章 寻找生命的灵光

生命是一支越然越高的蜡烛，是一份来自上帝的礼物，是一笔留给后代的遗产。

——（美）惠特曼

生存的目的

审视过往岁月，所有人都认识到，生存的整个目的是为了成长。生命并非静止，而是动态的。它无时无刻不在向前发展——而非站立不动。无可赦免的一项原罪便是站立不动、停滞不前。南方巨龙身长超过30米，有如房屋那么大；暴龙长度堪比火车头，且被称为残暴的最终代名词；翼龙或称飞龙，以及所有史前时代的巨兽都已消亡。它们无法满足后来的实际需求，不知如何适应不断变化的环境。他们伫立不前，陷于停滞，而周围的生命则从他们身旁超越而过。

埃及和波斯，希腊和罗马，所有这些古代帝国，在他们停止成长的同时，也开始了消亡。中国为自己建造了一堵高墙并因此裹足静立了1000年，以至于积贫积弱，饱受外族的侵略和欺凌。在整个自然界，停止成长便意味着灭亡。

本书就是奉送给那些不准备停步不前、拒绝停止成长的人。本书将使你对自己的潜能有一个更加清晰的认识，告诉你如何与自身的所有巨大能量通力合作并对其加以利用。

别人伫立路口不知该去往何方的恐惧不会惊扰到你，你的未来由你自己掌握。因为无穷能量的唯一法则是供应法则。“生命法则”将成为你的指引。自时间起始之时，生存、获胜和成功克服所有障碍就已成为这一法则的日常科目。它的资源任何时刻都未曾衰减。你要做的就是满足这种冲动，与其和谐相处，以从中取得自己的所需。

如果这一“生命法则”强大到能使低等动物根据某种需要生出坚壳或毒素，能教会鸟类盘旋、俯冲、平衡和飞翔，能让蜘蛛长出新腿来补缺旧肢，那么，对于你，一个能思辨、有理性，具有与这一“生命法则”协调共处的思维，且有能量和主动意识促其发挥作用的生物，它能带来的将何其之多！

这一法则存在的证据全然在你身上。从事一些剧烈的活动，比如划船、打网球、游泳或骑自行车，开始时，你的肌肉很脆弱。但坚持一些时日，“生命法则”会适时地对它们进行强化、硬化，以满足需求。从事繁重的体力劳动又会出现什么结果？你手上的皮肤会疼痛、起疱、开裂。继续做下去，这些皮肤会脱落吗？不。相反，“生命法则”使它们有了更强的厚度和硬度——我们称之为茧——以满足你的需要。

你会发现，在你的整个日常生活中，这一“生命法则”都在稳定运行。拥抱它，了解它并把它据为己有，你将无所不能。你需要克服的唯一障碍是，当眼前没有急迫之事，当一切都进行得很顺利时，这一“生命法则”似在沉睡，使你认为可让这些事务放任自行。

但如果事情出现偏差，当失败与羞辱袭来，那么，如果你给它一次机会，这一“生命法则”将发挥其作用。

生命的意境

健康、财富、爱，这都是环境条件，是达到目的的途径。而你生命的种子才是唯一值得关注的东西，你必须为它提供获得成功的机会。这是首要因素，其他的都是次要因素。所以，不要关注其他，而是只重视你的首要因素。

你是否想得到爱？你的这一愿望正好说明了爱的存在。因此，你要把爱给予身边的人，这是在播种爱的种子。你一定要诚恳、自信地给予，这样，你才会有所收获。

欣赏和感激身边的人和事，把这个作为一种习惯。即使你羞于大声说出来，你也可以在心里默默地说："谢谢！"一定不要忘记向别人表达你的赞美和感激。

你想变得富有吗？富有其实更多的是一种意识。许多人想要金钱，却不具有金钱意识。他们想得太多，甚至把金钱赶走。如果想要拥有100万元，那么你就要有100万元的意识。哈里曼就曾表述过这个哲理："谈论100万元就像讨论1元一样容易。"当一个人想到并且开始讨论100万元时，他的思想就会慢慢体现到行为上。他的思想活动就以物质的方式出现，愿望就能得以实现。

在这个世界上，很多人都有极大的潜力。如果他们能放开思想，并付诸行动，那么就会出现第二个哈里曼、第二个摩根、第二个洛克菲勒。但是，至今还没有人做到这一点，倒是有很多人成为成功的小店主、小商贩。尽管这也是一种成功，但是这种成功的规模太小。他们只去思考1元钱，而不是100万元。因此，他们的思想就通过现实状况直接反映出来。

爱默生说过，当你四处寻找美时，你的内心就必须有美的存在，否则，你永远也无所得。成功在于你跨出的第一步，也在于你手头上的工作。如果你没有明白是你的工作在支撑着你，如果你没有愉快而充满兴趣地去做它，那么，你就没有迈出通往成功的第一步，也就是说，你并没有开始行动。

对我们来说，重要的追求还有健康。如果你是一个残疾人或病人，想要得到健康，该怎么办呢？

治疗方法就是摆脱被限制的生活，为你那些曾经不活动的器官注入新的活力，它就能慢慢恢复过来。摆脱的方法就是尽最大努力，使你的愿望成真。使你的知觉活动起来，让它不被束缚，得以吸收充足的养分。如果只依靠无意识的心理活动，或者药物治疗等方法，是不能达到目的的。你必须强烈地认识到自己的生命种子的力量，相信你的再生取决于它的能量。

一旦你意识到精神的伟大力量，你就能发现这确实能迅速、有效地减轻你的痛苦。

因此，在所有看似棘手的问题下面，都传递一种的生命力量，那就是家、给予、健康。它拥有我们想要的一切，能实现我们所有的愿望。因此，当你想要一个东西时，不要四处寻觅，而是直接考虑你的首要因素，在生命里找。

生命的最高追求是什么

一个人在耕地的时候，只要将自己的锄头再往土里挖上一英寸，就能得到埋在地下的一罐金子。

“可他最终还是错过了。”对于这个人的结果，人们可能会这样评价。

生命的最高追求是什么呢？如果你不使自己的天赋有所拓宽与发展，如果你不能成为一个美丽而智慧的人，那么生命的价值又在哪里？

生命的价值不在等待，而在于把握，并且用有限时间去做一些事情，解决一些问题，实现一些心愿，爱一些人，帮一些人。事不在大小，关键是你去做了，而不是空等。生命的意义就在于把每一天过好，把握好，做好，而不是暗自叹息和无谓等待。

有一个善于反省的人，在他生命中的某一天，突然省悟到自己迄今所做的全是微不足道的事情。

于是，他想到生命的短暂，不禁为自己虚度了宝贵的光阴而痛心。他暗暗发誓，从此一定要万分珍惜光阴，用剩余的生命做成一件最有价值的事情。

许多年过去了，这个人始终忠于自己的誓言，不做任何微不足道的事情。他一直在寻找那件足以使他感到不虚此生的最有价值的事情。

可是，他没有找到。

因为，他感觉生命太宝贵了，无论用它来做什么都有点儿可惜。

结果，他什么事也没有做，既没有做微不足道的事情，也没有做最有价值的事情。而他的宝贵的生命，却照样在这无所事事中流逝而去。

终于有一天，他又一次反省自己，不愿再这样无所事事地生活，人活着总得做点什么，既然找不到最有价值的事情，就只好做微不足道的事情。

所以，现在他怀着一种宿命的安乐心情做着种种微不足道的事情。

曾几何时，我百无聊赖，即便看似不平凡的事业，也难以让我乐于为之。我不知道自己该做些什么。幼时的梦想越走越远，风霜的磨砺和肩上的重担，时时让我不知所措，我不知道接下来该怎么办。好在有一个故事，总在这时候给我启迪——一只新组装好的小钟，放在两只旧钟当中，两只旧钟“滴答、滴答”，一分一秒地走着。其中一只旧钟对小钟说：“来吧，你也该工作了。可是，我有点担心，你走完3200万次以后，恐怕便吃不消了。”“天哪！3200万次！”小钟吃惊不已，“要我做这么大的事？我办不到，办不到。”另一只旧钟说：“你别听他胡说。你只要每秒‘答’一下就行了。”“天下哪有这样简单的事情？”小钟将信将疑，“如果是这样，那我就试试吧。”小钟很轻松地每秒钟“滴答”摆一下。不知不觉中，一年下来，它果然摆了3200万次。

每次回想起这个故事，一种难言的喜悦，就会慢慢浸润我的心灵。我知道，没有什么比单纯而又自然地履行个人的平凡职责更为美好了。从田野里的草丛，到天空中的星辰，大自然所以会有深邃的色彩和绝伦的美感，就是因为这些事物，总是在按照各自的体系而存在。

以草为例，为了在所在的地方自然生长，草就必须竭尽全力，从它伸到最远处的毛根末梢汲取营养。它并不徒然地奋斗，指望成为一株榕树。于是，大地就得到了一方可爱的绿色地毯。同样，在人类社会中，诸事有序，风调雨顺，也正是由于人们天天都在履行自己琐细的职责，而不是由于多么宏大的丰功伟绩和高谈阔论。

所以说，无论你做什么工作，你都要确保它是清楚而有用的，你要用自己的努力赢得他人的尊敬。选择一个有发展空间的职业，就是为自己选择了一个提高的机会。张其金说：“我们不求生命有多么辉煌，但我们得做好每一件事，要永远关注自己的生命是否有价值。”

生命的周期

凡是有生命的物质，都要经历诞生、成长、发展和衰亡这几个阶段。无论愿意与否，每一个生命都要按照这个周期运行，所不同的不过是有的周期长，有的周期短罢了。对于我们人类来说，成长在生命周期中是最为重要的，它意味着增强和提高。因此，在这一课里我们主要讨论成长。

根据生命的阶段性特点，我们把7年定为一个循环，每一个7年对我们而言都意味着一个新的阶段。

人生的第一个7年是懵懂无知的幼年期；接下来的第二个7年是儿童期，儿童期意味着个体责任感的开端；第三个7年是青春期；第四个7年中我们将达到生理与心理发展的顶峰；第五个7年是事业发展期，在这个阶段中，我们开始获取财富、成就、住宅和家庭；第六个7年，也就是从35岁到42岁，这是人生的成熟期，无论是生活，还是事业，我们会达到成熟的顶峰；之后的7年是一个调整和恢复的稳定期。

我们的生命就是这样在7年一轮回的周期中进行的，只要我们熟悉了这一规律，就可以很好地规划我们的人生，把不利变为有利，把劣势转为优势。

生长过程就是新陈代谢的过程。生长是有条件的互惠行为，将根须交叉，分享彼此的养料和水分，这种能力决定着我们能否把资源的利用达到最大化，能否表达出相对祥和而快乐的生命。

如果我们总是把眼光盯着已经拥有的，就不可能看到我们所缺失的。只有把眼光放开，认识到我们的目标应该是我们需要而缺少的，就能够有意识地控制我们的外部环境，并从每一次经历中汲取我们进一步生长所需要的养分。

随着我们境界的提升和视野的开阔，我们获取生长所需养分的能力将逐步增强。这将使我们能够识别和吸收我们需要的一切养分，满足我们的生长所需。

自然有意安排给我们所有的境遇和经历，这对于我们都是有利的。无论是运气和优势，还是困难和障碍，都能让我们从中受益。

我们的付出和收获永远都是成正比的，为战胜困难而付出多大的努力，就会从中获取多大的力量。世界上不存在不劳而获和劳而无获的现象。

生命成长的不可动摇的需求，要求我们尽最大的努力，去吸引那些与我们自身和谐一致的东西。通过领悟自然法则并有意识地与之合作，我们才能获取最大程度的幸福。

亨利·德拉蒙德曾这样说：“正如大家所知道的，物质世界分为有机物和无机物。矿物世界是无机物的世界，它和动植物世界是完全不同的。生命是如此特别，也没有任何种类的变革可以为矿物世界的一个小小原子打上生命的烙印。”

丁铎尔说：“我承认，没有一丝一毫的确凿证据，可以证明我们今天所能见到的生命与更早的生命是毫不相关的。”赫胥黎也赞成这一观点，他说过，生命来自生命的延续，这是放诸四海而皆准的真理。由此可见，生命使这个世界生动起来，没有生命的地球只是一片死寂，所有的一切只有和生命联系在一起时才有意义。

任何有生命的物质都在不停地为自己谋取充足的养料和适宜的环境，以便尽可能完美地表达自己。大自然，则在这一过程中彰显自己的伟大。凡是有生命的地方，就会有生长。生命是如此的完美，以至于它们总是能够创造出和谐完美的景致。

做自己生命中最重要的那个人

在你痛苦的时候，是谁对你不离不弃，真正扶你走出伤痛的牢狱？在你遭遇挫折一蹶不振的时候，是谁鼓励你爬起来，继续向前？在决定你人生起落的大事件上，是谁果断地作出抉择，决定自己前方的道路？是妈妈？是爸爸？是爱人？是朋友？或许我们的亲人和朋友会给我们建议，给我们关爱，然而，一个人如果自己不去思考，不去努力，不想向前，他人所有的努力都毫无意义。谁才是你生命中最重要的那个人？不是他人，正是你自己！所以，请认清自己，珍爱自己，相信自己，你是这个世界的唯一！你的存在就是一种价值！在人生的关键时候，惟有自己才能拯救自己。你才是自己人生的真正创造者！

在我们生活的每一个当下，我们最容易忽略的人，不是其他人，而是我们自己！

你有没有问过自己："你喜欢自己吗？"如果你自己都不爱自己的话，如何让他人来爱你呢？外在世界对我们的评价，是通过我们自己对自己的评价来界定的！

王雅丽是一个很自卑的人，一直觉得自己不如他人，在公共场合也很少发表自己的看法，甚至觉得别人不喜欢自己。看到那些活泼幽默的人，她就自惭形秽，感觉自己寡然无味。她非常讨厌这样的自己。可是越是带有这样的想法，她就越加沉默。有一次下班，她和领导搭同一部电梯，她和领导打招呼、领导竟然不知道她是谁。雅丽终于找到自己在单位虽然勤劳肯干，却不被重用的原因了。一直以来，她过分谦虚、内向，虽然工作做得不错，但是很多时候，领导甚至不知道这是她的功劳。

雅丽决定做一个改变，她找到心理咨询师，坦明自己的情况，从喜爱自己，增强自信入手，一步步提升自己的信心。

果真，不到三个月的时候，领导就找她谈话，提升她做部门主管。雅丽立即将自己内心的想法和建议一股脑儿吐露出来，领导对她的想法非常感兴趣。两天以后，雅丽做了新的部门主管。用她自己的话说："这在以前是不可想象的。如果是以前，我可能会说，我没有管理经验，恐怕自己还不能胜任主管职位。XXX比我更合适。"

如果你坚信自己不行，没有人喜欢自己，你很可能就真的不行，也无法得到别人的爱！因为你自己都不爱你自己，你躲在一个黑暗的角落里，太阳怎能照得到你?

然而，如果你能够从这种错误的认识中走出来，真心地爱自己，相信自己，那么，你的世界一定会是另一副模样！就像上面提到的雅丽一样，如果她不懂得爱自己，不相信自己的能力，她自然无法意识到自己的价值，更无法在领导面前表明自己的想法，得到重用和认可。

生活中，很多人过得不快乐，根本原因，就是他们不喜欢自己！心理学研究表明，一个人的自我价值感越低，越容易对外在的事物不满。一个每天抱怨生活的人，表面看是在诉说生活的不完美，而本质上，却是他对自己的不满意造成的！

一个人对自己不满意，也就是缺乏自信。为什么缺乏自信呢？根本原因，要追究到自己的原生家庭对待孩子的方式！父母如果常常以赏识的方式对待自己的孩子，让孩子及时受到肯定，他就会极大地增强自己的自信心。反之，在打骂、批评中长大的孩子，就会非常容易产生自卑心理，总是对自己不满意，因为在他成长的过程中，没有能及时得到父母的肯定！如果说一个孩子一年需要100次表扬，而你只给了孩子50次的话，那么孩子的自信心就会不足。

每一个人的出生都是注定的，我们无法选择自己的家庭，也不能去责怪我们的父母。将自己的不足怪罪在父母身上。因为父母不可能教会我们他们自己也不懂的事情，父母有自己的局限，有些父母也不懂得如何爱自己，不懂得如何爱你才能让你更好地成长！他们只是竭尽全力地用他们自己的方式爱着我们，尽管有时候这样的爱对我们来说是一种伤害。他们的不恰当的爱的方式或许又要追溯到他们的家庭生活的教育中！所以说，为了我们自己，也为了我们的下一代，我们应该学会爱自己！

从现在开始，开始爱自己，由衷地，发自内心地！查尔斯·哈尼尔说："想要获得爱……就让自己填满爱，直到你成为爱的磁铁！"

一个能够爱自己的人，他自己就是整个世界，他不需要依靠他人的赞许才能肯定自己的价值！他不会沉迷于网络，因为他有着自我，不必在虚拟的空间寻找精神上的寄托！他不会将自己迷醉于酒精的世界中，因为那是在麻醉自己，而他们知道自己是应该被爱护、被照顾的！

一个人真心地爱自己，才会感受到世界的美好！

莉莎·妮可斯说："在好几次的交往关系中，我一直都期待伴侣能称赞我的美丽，因为我看不到自己的美。在我的成长过程中，我的英雄就是‘无敌女金刚’、‘神力女超人’和‘霹雳娇娃’，我觉得她们好棒，但我长得不像她们。直到我爱上自己——爱我的咖啡色皮肤、我的厚唇、我的圆臀、我黑色的卷发，整个世界才会爱上我。”

爱自己，首先要接纳自己，接纳自己所有的一切！优点自不用说，我们的缺点也是我们应该接纳的。上帝是公平的，他在给予你缺点的同时，自会传递给你另一种东西，让你获得感悟，得到提升，我们应该从我们的缺点中，从生活的挫折中寻找它们的价值。

接纳自己，就要接纳自己的全部。每个人都是多面的，如果刻意压抑自己某一方面（自己不喜欢的方面）的特质，将会造成自己内心的冲突，妨碍个人应有能量的发挥。

凡事由接纳而改变，面对一件我们不喜欢的事情，我们首先要做的是接纳，而非抗拒，接纳才能改变。

比如说，一个人非常害怕孤独，他讨厌孤独的感觉，因此，当这种感觉一来，他就不停地和朋友打电话、聊天，忙碌地工作。可是这些事情一结束，那种孤独感就又跟随了，它像鬼魂般折磨着自己的内心。

为什么如此呢？首先，我们需要承认，人是需要和自己独处的，这样才能更好地看清自己的内心，明白自己到底需要什么。其次，我们应该接纳孤独的感觉，你讨厌它，想把他赶跑，可是越是这样，它越是跟随你。如果，你试着接受这种感觉，享受这种感觉，跟他和谐相处，你会发现，这种孤独感竟然不知道何时已经不见了。

爱自己就要赞同自己。当你赞同自己的时候，你就会为自己创造一个安全的空间。你会感觉到信任，感觉到自己的价值，这样你就会创造生活中更多友好的人际关系！

爱自己，就要欣赏自己，而不是总是为难自己，责备自己。任何责备和批评都是负面的，只会限制我们才能的发挥，把我们越来越导向我们不喜欢的方向。要理解自己，关爱自己，人生没有谁是不犯错误的，重要的是我们会朝着越来越好的方向发展！

爱自己，就应该多听听自己内心深处的声音，做一个内在和外在和谐的人。身心和谐，才是一种健康的人生状态，身心和谐我们才能最大限度地发挥自己的能量。

一个懂得爱自己的人，应该让自己的心灵喜悦。每个人都能让自己喜悦，都有责任让自己喜悦。如果我们能够选择喜悦，为何要让自己愁眉苦脸呢？尊重自我，悦纳自我，让喜悦随时跟随自己。

鲍勃·普克特说："你有着非常棒的特质。我研究自己四十四年了，有时候连我都想吻一下自己！因为你必定要去喜欢自己，我指的不是自负，而是一种对自己有益的尊重。当你爱自己，你自然就能够爱他人。"

让自己做充满爱的磁铁吧！

第五章
掌握生命中的法则

当我们误用生命的时候，生命并无价值。

——（英）狄更斯

生命的成长法则

我们正在触及一个更伟大的事实，这个事实让我们懂得，成长法则存在于行动之中，而非存在于行动之外。因为世界是运动的，这是永恒的定律。只有通过运动和不断的变化，才能称之为规律。当世界不运动的时候，它就不再是规律。

运动是绝对的，静止是相对的，这一规律不可能改变。无论在黑暗中还是在光明中，无论在积极的活跃中还是在消极的痛苦中，世界的运动都是一往无前的、永不停歇的，它运动的最终目的就是实现自己伟大而坚定的目标——完美的和谐。

我们要生存得更好，就必须要意识到这一规律在我们身上所发挥的作用。正如植物的事实，就是植物中隐藏的强烈渴望，而不是我们所看到的外部形态。

我们会发现，苹果与橙表达了我们不同的愿望，而树液则代表这一“成长法则”。不同种类的果实一起成熟，表示了这一法则使我们的不同愿望得以实现。不管果实是否健康，对这一法则来说都无足轻重，因为它在生命中的使命就是遵循我们掌握的期望，以及这些愿望的本性、效果和用途，让我们的心智实现一个显意识的结果。我们每个人都选择适合于自己的成长的特性。有多少个体，就有多少成长特性。尽管没有两条完全相同的成长特性，但我们当中的许多人却是沿着相似的轨迹成长的。这些成长特性由过去的、现在的和未来的愿望连接而成，并在不断形成的“这一刻”中表现出来。它指明了我们生命的目标，我们将沿着它前进。

当成长法则作用于我们自身，我们则看到了它复杂和宏观的一面，简单的心智对此完全无法理解。它在一个更广阔的领域范围内把我们身上的一种全新的力量唤醒。这些力量包括更强的理解力，更多的诚实以及更深刻的洞察力。我们从原始人进化成现在的文明样子，从表面上看经历了三个阶段。第一阶段，我们的成长经历了野蛮的或无意识的状态；第二阶段，我们的成长经历了智力和意识的萌发状态；第三阶段，我们的成长进入了有意识的认知状态。

植物必须有根，才能长出新芽；必须先长出嫩芽，才能开花结果。这一规律在我们人类的身上也同样适用，我们像植物一样也必须先长出根（我们的根就是我们的思想），才能从原始状态向意识发育的阶段进化；同样我们必须长出根（此时我们的根就是包含理性因素的思维），才能够从智力和意识的萌芽状态进化到有意识的认知状态。如果违背这一规则，我们将永远只是规律的产物，而不是能够掌握规律的人。

像植物的百花齐放一样，我们也需要个性化。也就是说，我们必须坚持向自己释放出一个独特生命所具有的美，向他人表明我们是一个独立的个体和令人尊敬的个体，是那些控制我们成长规律的掌控者。我们每个人体内都蕴藏着这种规律的力量，这一力量通过我们自己而产生作用。正是通过这种方式，我们开始掌握规律，并通过我们对它有意识的认知而产生结果。

当我们摆脱蒙昧，获得促使我们生长发育的力量，产生不断变化的自我意识时，我们就开始尝试去探究事物的来龙去脉。在探究过程中我们认为自己的见解是独到的，而事实上国内外历代先贤所累积起来的信仰、观念和事实都早已具备，包括我们自认为的独到见解，在很早以前的历史中就出现过。

我们生活在一种恐惧而无常的状态中，直到我们找到并利用这个贯穿于整个法则的不变的一致性。这是在我们成为自己的主人或环境的主人之前，就必须知道的和利用的核心真理。成长法则是共同成熟的，因为它其中的一项功能就是“要作用于那些我们让它发挥作用的东西”。

真实就潜藏在行动之中，而不是行动之外。要生存，就要意识到这些规则在我们身上所发挥的作用。

心智法则

当我们脑子里有负面想法的时候，就会引发具有破坏性的化学反应，我们的神经作用也会变得不再敏感，我们的感受能力就会变得迟钝，身体的抵抗力会逐渐下降，一些疾病可能会乘虚而入。反之，如果我们抱有正确的思想，就会引发富有建设性的、健康的化学反应，思想会变得睿智，身体变得可以抵御诸多疾病的侵袭。我们思考痛苦，我们就会得到痛苦；我们思考成功，我们就会得到成功。当我们心怀破坏性思想的时候，就会引发身体的不适，而身体的不适又会作用于心智，最终导致我们不适甚至疾病缠身。反之，如果我们抱有建设性的思想，就会给我们带来健康。

尽管人类已经创造了无数奇迹，但对于心智法则可能带来的结果，我们对它的认识是很少的，但这种新发现的力量对我们来说却很重要。它能给遵从它的人带来成功！这一点开始被大家所认识，并开始认真履行这一点。于是一个个的成功诞生了。站到一定的高度来看，整个世界正处于觉醒的前夜，它将粗暴物质变成了心的力量和意识，这是一种源于我们内心的全新力量，是我们对自我以及世界的全新认识。19世纪见证了人类历史上最辉煌的物质进步，而这个世纪将要见证人类的精神和心灵的伟大进步。

这一规律在科学领域的应用，获得了巨大的发展，出现了许多取之不尽的资源，揭示了如此巨大的可能性以及如此不为人知的力量，以至于科学家们越来越没有信心断言某些早已确立的理论是永远正确的，也不敢声称某些荒诞不经的理论是不可能成立的。陈规陋习、教条主义和粗暴野蛮已经成为过去，取而代之的是虔诚的信仰、开阔的视野、服务的意识。人们的思想正在解放，人类正在逐步摆脱传统的束缚，真理以更加完善的方式展现在人们面前。

你即将看到我们正处在崭新的一天，现在就是这一天的破晓时分。即将来临的各种可能，是如此美妙神奇，如此广阔无边和迷人，甚至有些让人困惑。一个人哪怕只有一挺机枪，也足以歼灭整整一支装备精良的军队。现在，一个人只要能认识到思想的重要性，那么他就像拥有机枪的威力一样拥有了巨大的力量。

构建，是心智的创造本能。在商业界，它通常被称作“创新精神”。创新精神表现在创建、设计、规划、发明、发现和改进过程中。创新精神是最有价值的品质，大家需要不断得到鼓励才能发展和进步，也才能在进步的过程中想出创新的主意和思想。每一个成功的商人都拥有规划、构建和实施的能力。走别人的老路行不通的，必须发展新的观念、新的方法。每一个个体都拥有不同程度的创新精神。因为在无限而永恒的能量世界里，万物皆源于这种能量，人是其中之一，每个个体本身就是一个独立的意识中心。

心智是富有创造性的魔术师，而引力法则就是它神奇的魔法棒。每个个体都有充分的自主权，都可以自主作出选择，任何人都无权也不该加以干涉。然而有人却故意破坏这一法则，用强力法则去和引力法则相抗衡，强力法则的本性是具有破坏性的，跟引力法则对抗，必然带来破坏和灾难性的悲剧，这样是不会有什么好结果的。因此，要想成功就必须始终把精力放在创造性领域里，而不是破坏性领域。

心智不仅是创造者，而且是唯一的创造者。对于任何事物，我们只有充分地认识它们，了解它们的特性，才能更好地利用它们。“电”这种东西其实远古以来一直存在，只不过直到100多年前才进入人们的视线。当人们发现了电的规律，并让电服务于人类以后，全世界都被照亮了，我们也方便了。“富裕规律”也是如此，只有那些认识它、遵循它的人，才能得到它所拥有的优势。

生命的普遍性理念

我们应该充分认识到，普遍性理念是自由的，它不受任何东西约束，要做到让自己的心智与普遍性理念合二为一。由此，我们所获得的力量就越多，所受到的限制就越小。它是一切力量、一切形态的根源，是宇宙万物的本源。它是无所不在、无所不知、无所不能的。万物源于自身，并被自身所创造和维持，与一切固有的规律具有一致性。这就是创造性在展现出来时产生的思想力量。无论它曾出现在哪里，它的本质都是一样的，所有的心智都是同一个心智。宇宙的秩序与和谐也正是由此而来。当你深刻领悟到了这一道理，生活中的任何难题也就迎刃而解了。

普遍性理念充分体现在我们身上，我们的内心拥有无限的力量和可能，它们全都由我们的思想控制着。因为我们拥有这些力量，因为我们与普遍性理念心有灵犀，所以我们可以战胜一切困难，让自己生活得越来越好。不管是在宏观世界里，还是在微观世界里，它的存在都是一样的，只不过表达能力不同，它显示出来的力量就会不同。一块黏土和一份炸药重量相等，能量也一样，但炸药身上的能量很容易被释放，而黏土身上的能量，直到现在我们还没有学会如何释放它。

凭借思想的力量，我们征服了江河，驯服了无情的洪水；我们让商品在世界各地流通；我们捕获了闪电，并加以利用；我们征服了空气，甚至征服了我们所在的星球。

如果两根电线距离很近，而且第一根电线携带的电子比第二根电线多，那么通过感应作用，第二根电线就会从第一根电线处接收一些电流。这一现象可以用来形象地说明人类对普遍性理念的态度。人们并没有在显意识和普遍性理念之间建立起联系，但是潜意识却已经受到了影响。如果让第二根电线接触第一根电话，它就会极力俘获更多的电流。犹如我们意识到力量的重要时，我们就成了一根“生命的电线”，去努力俘获更多的力量。因为意识让我们跟力量之间建立起了联系，随着我们支配力量的能力越来越强，我们应对生活困境的能力也会不断加强。

外在的生活条件和环境条件，只不过是思想的一种反映。我们通过思想去表达我们的渴望。为了更好地表达，我们必须在意识里创造相应的条件。要么是悄无声息的，要么是反反复复的，我们把这些条件封存在潜意识里。因此，正确思考的重要性远远超乎你的想象，视而不见、充耳不闻都无法让我们正确理解。换句话说，没有意识就无法去理解。

普遍性理念作为一个庞大的思想体系，正以它独特的魅力吸引着越来越多人的重视、研究和倡导。普遍性理念是富有活力的，它囊括了一切规律、生命和力量，同时适用于任何物质领域以及精神领域。你越深刻地理解这一理念，你就越佩服这个规律的作用之巨大。

每一个生命都需要这种理念的支撑，我们发现个体生命的差异主要在于这一智能的差异。动物比植物高级，人虽然是动物，但却又比一般动物高级，因为前者的智能高于后者。我们发现个体正是运用这种智能去控制自身行为的，并不断为了适应外部环境调整自己。正是这种智能占据了伟大的心智的核心，这种智能与普遍性理念配合得很好，两者一起完善和优化着人类的精神世界。如果我们服从普遍性理念，普遍性理念也会为我们服务。

生命严格遵守着普遍能量的法则，而普遍能量在生命中自发活动并获得生长，在某种程度上它们同时存在。

太多的人以盲目的方式去处理生活中的事务，这很显然是不可取的。生活中首先应该考虑的事情是了解“普遍规律”，这些规律同时控制着精神层面和物质层面。当精神脱离物质的时候，人的状态就会表现为死气沉沉。在重新建立起二者的联系之前，如果他斗胆冒险，他的努力就会全部白费。

普通人定律

遵照普通人定律生活的人，人和动物一样要经历悲伤与欢乐、幸福与痛苦的磨炼。大海里有很多鱼，却只允许一小部分强者生存下来；宇宙给物种以生命，却让它们中的大部分遭受着痛苦，直至灭亡，最后留下一小部分。尽管环境给予它们财富，但只允许少部分拥有，而其他大多数只能一生辛苦地工作，为这小部分人服务。这就是在动物王国里的普通人定律。在人类社会里也是如此。

一个人如果愿意按照普通人定律生活，那么他就只有1%的机会获取幸福与成功。但是，如果他把自己从普通大众中分开，那么他就可以掌控自己的命运。这种分开的方法不是通过长途旅行到达一个人烟稀少的地方，也不是把自己关进小屋与世隔绝，而是掌控好自己的命运，朝着固定的目标前进。这样你就能远离那个以自我为中心的普通人群，向着人类发展的巅峰奋进。

人类生存的目的，就是分发上帝赐予我们的礼物。如果一个人能按照这一规律行事，那么，他就能被自然赋予强大的力量。如果只为自己而活，那么，他就是违背了这一规律。

上帝说："我来到这个世上，就是要让人类拥有生命，并且要拥有很多。上帝确实这么做了，因为他给予了那些追求生命的人很多机会。生命的真谛是什么呢？它是一种精神、力量和满足，它创造了并将持续创造世间万物。

上帝主宰着生命，他无处不在，掌握着整个宇宙。这里的上帝就是我们体内那个潜在的自我，这个自我控制着我们的命运，指导着我们的身体行动。

我们的精神是具有神奇魔力的仆人，它拥有无穷的财富、幸福和聪明才智。但是，它向我们展示上帝赐予的礼物，只能根据我们的理解与诉求来进行。它通过我们释放出强大的生命力。

无论我们信仰、深爱、祝福什么，我们的精神都给予了我们生命和躯体。但是，如果你心怀畏惧和忧虑，那么你的思想就可能因此而蒙上阴影，从而远离快乐和幸福。这不是上帝的错，而是你的错。不要去想象那些你所畏惧的东西，而是要想象美好的事物。

耶稣告诉我们："无论你想要什么，当你祈祷的时候，一定要相信自己会如愿以偿，这样你就能真的得到它们。"你要知道内心的自我已经拥有了你真正想要的东西，就像茁壮成长的禾苗一样，只要你用信念去浇灌它，就会有收获的时候。

大家都见过冬天的树木，它们所有的树枝都是光秃秃的，没有任何生命的迹象，让你甚至怀疑它们到春天还能否活过来。而事实上，那些光洁碧绿的树叶就在那里，只要有温暖的阳光，它们就会茂盛地生长。

要有坚定的信念，这是成功的第一步。它其实是你的所有生命境况的模具。

所以，一定要保证信仰的正确性。

这就是为什么有些人能成功的原因，他们有意无意地发现了一个事实，即取得成功的第一要素就是相信自己，有成功的信心。他们从心底爱那些自己想要的东西，渴望得到它们，并把它们看得比生命还重要。

这些人的做法在一定程度上是正确的，但他们的错误在于为了得到自己想要的，就不择手段。这种行为迟早会与倾向定律冲突，所以他们最终会走向毁灭。

几千年以来，哲学家们一直在考虑一个问题，为什么人们没有科技还能做出如此的成就，有些人告诉我们，那是因为在世界上恶人有好运，但他一定会因此付出代价。但这并不令人满意，尤其是我们周围的人，因为缺少我们可以给与他们的东西而受难时，很令人伤心。但对于很多人来讲，他必须要得到满足。

但是，不是所有的人都是这样！只有少部分的人知道有确定的规律主导成功，就像物理定律一样。这些基本的定律指导着你做的每一件事情。它掌管着人类，就算很讨厌一些定律，它们也是存在着的。它们不分穷和富，也不论谁强谁弱。这和人定的规律不太一样，无论身份高低一律平等。古代的国王一直都想着第一次要对我们有包容之心，而以后就会恩威并用了。总计起来，这些定律如下：

1. 均等定律。在这种定律下，人不比动物好多少，他获得幸福和成功的概率不比他人高多少。

2. 趋势定律。它是生命的给与。从广义上讲，人会把自己与强大的自然力量结合到一起，以期提高自己成功的概率。

3. 毛细管引力定律。每个核子都有力量吸引对成长和发展有必要的东西。

运用第三个定律，将会把人从第一定律提升到第三定律，根据趋势定律，人完全可以达到任何想要的高度，实现任何想要的目的。

均等定律

根据均等定律，人在大多数情况下都处于幸福和悲惨的状态中。自然看上去有点肆意挥霍。她带来过很多的鱼，使海水有点窒息。大部分的鱼都死了，只有极少数活了下来。她奢侈地给予生命，却又不呵护它们，让大部分遭殃或丧生，仅留下一小部分。

她给予人们很多财富，但是大部分的财富被少部分人掌握了，其余的就为那些少数人服务。这是动物世界中自然均等定律，大多数人都符合这个定律。但对于她珍视的个体，命运就迥然不同。只要你在均等定律下生活，就会十分满意你获取富裕和幸福的百分之一的机会。但是将你从大流中分出来，你会选择自己的命运吗？

将个体从大流中分出来的方式，不是走进荒漠，登上没人问津的小岛，也不是将自己关进孤独的牢房，而是把自己的马车驶向有明确目的的繁星，把自己从那些自私自利的、以自我为中心的、冷漠的大众中分离出来，将自己和宇宙定律联系到一起。宇宙定律承载着人类，将其推向巅峰。

趋势定律

趋势定律告诉我们，成功要求我们与创造生命的宇宙力量相符合，也就是说，我们要顺应潮流。

趋势定律基于这样一个事实：生命的全部就是增长。给予生命的力量是自然的力量。它重要发展的是生命的和世界的美好。事业和个人的工作，趋势是一致的，受到美好潮流的影响。有些人的工作会阻碍生命的进步，这样他们迟早会被抛弃，夭折在半道上。

艾拉·维勒·威尔考克斯期用优美的语言写道："世界有上千条教义，可我一条都没有。数以万计的幼叶节节生长，可我的教堂却不会扩张。我漂在信念之花的海洋，它像河流一样承载着我，它的爱点燃了我灵魂的油灯，这就是为了世界，为了生命。"

我听到有人这样说："我认识许多有能力的人，他们为了美好不断努力着，他们不会失败。"这个论断是准确无疑的。很多游泳运动员，就算有猛烈的海潮推动着，也不会漂出很远。潮水是第二步。第一步是建立正确的游泳姿势。换句话讲，就是学会怎样游泳。让潮水推着你前进，当做到这一点时你的第一步就没那么重要了。

还有，一定要自信！将自己看成宇宙的主宰，要明白它是属于你的。坚信你可以得到你想要的。关爱他们，祝福他们，还要感谢得到的一切，即使看上去没有那么明显。

接下来就是用你的权力去实现美好，要想做到这一点就要搭乘生命力量的顺风车。你会说："听起来不错，但我想请你告诉我该如何利用财富创造美好。"

这样做的原因是要学会如何用财富将饿狼锁在门外。

建房子，造汽车，积累财富，你创造事物的第一要素就是构想事物的存在。建筑师建房子之前，要在大脑中进行构思，然后才绘制图纸。然后将水泥和能量注入图纸，房子也就建成了。你要想象你有很多的财产，你才会变得富有。所以你事前得构想，还要认为你的构想已经成为你的所有。也就是说："相信你会拥有！"

如何做到这些，最简单的方法就是绘制"藏宝图"。

现代科学中，有一个令人惊讶的事实，那就是宇宙不是成品。我们周围的创新一直都在进行，有新世界不断形成，宇宙力量塑造了数以万计的新事物。

但是对我们来讲，让人惊讶的就是我们是造物者。我们可以塑造我们明天生活的世界。

很多人根据自己的生活状况，不断抱怨环境、教育、机遇和幸运。他们错了。如果说有一个人值得责备，那就是他自己。现在他们的状况是昨天他们思想的结果，而许多的思想还在继续，而且已经演变成了他们以后行为的准则。

由于这样是不会失败的，不管你是穷人还是病人，富裕还是强壮，你至少成就了一件事，你已经把设计的自我宇宙能量压缩进你原来形成的模型中。你可以评价影响你的力量是好是坏。当你做出了评价，他们就成为你的仆人、帮手或恶魔。这些结果都是好的。你不需要保持事物的本性。如果你不喜欢现今的结果，你可以重新定位。无论它看上去多么微小，你要祝福和表扬美好，通过你的善行，你会得到很多的益处。

倾向定律的基础是，不断向前发展是生命的全部目标。自然的力量就是赋予生命的力量，自然的方向就是生命进步的方向。如果我们顺应这一潮流，那么我们的生命就会向前发展；如果我们阻止生命前进，那么我们迟早会被这一潮流所淹没。

毛细管引力定律

当一粒种子被播在土壤里时，它就会从土壤、水或空气中吸收成长所需的一切元素。同样的道理，当把梦想的种子撒在心田时，它就会吸收实现梦想所需要的一切条件。不过，正如种子需要阳光、空气、水等营养成分才能长出谷物一样，梦想的种子也需要信念的阳光和精神的土壤，才能朝着梦想的方向生长。

这是所有成功的最主要因素。每一粒大米都能长成沉甸甸的稻穗，每一个远大的梦想都能得到实现，你也因此打开了成功之门。种子必须播撒在土壤里，必须有充足的养分和阳光；梦想也必须有成长的养分和阳光，即毅力和信念来照料它。

因此，毛细管引力定律实际上是以生长规律为基础的。这就好像一个雪球，先是一小撮雪，只有通过与地上的雪接触，才能越变越大，最终滚成一个巨大的雪球。

首先是拥有种子，即梦想，接下来是播种，这也是实现梦想的第一步。然后是培育，始终不变地朝着一个方向努力。我们不能什么也不做，只通过梦想就能使一件事情变成现实。但是我们可以利用梦想，把握住实现梦想的工具，直到真正地实现它。最后是阳光，也就是信念，植物缺少阳光就会枯萎，花朵缺少阳光就会凋谢；同样的道理，没有信念的阳光，梦想就仅仅是梦想，永远也不会成为现实。

你要相信自己会有所回报。就像一粒种子从一株高大的庄稼中看到希望一样，你要从自己的梦想中看到希望的存在。

哈佛大学著名的心理学教授威廉·詹姆斯说道："如果你足够关心你的结果，那么你就能得到你想要的结果。如果你想要的结果是发家致富，那么你就会成为一个善良的人；如果你想要的结果是学问渊博，你就会成为一个学识丰富的人。但是，这些结果实现的前提是，你的这些希望必须是发自内心的，并且是唯一的。也就是说，你不能同时拥有许多同等强烈的愿望。但需要注意的是，你不能盲目地希望。你不可能沿着山坡向上滚，还能滚出一个大雪球。就算你这样做了，雪球也只会越来越大，超过你的控制范围，使你遗憾终生。所期望的结果就像你所播下的种子。如果这粒种子是邪恶的，它不会为身边的人带来爱，只会自娱自乐，那么，你收获的果实也会是这样。不管是对于他人还是对于你自己，它都只是一枚苦果。"

人生中许多事情是你所期望的，诸如成功、富有、幸福、快乐和健康等。它们都是值得追求的，拥有它们就是一种成就。但是，如何追求它们呢？

其实，一个人生存的价值就在于将上帝赐予的礼物赠送给人，比如善良、能力、财富和爱心等，最终使得这个世界更适宜于人类居住。

据说，在古埃及，当一个新的生命产生时，会有一个灵魂伴随而来。这个灵魂就是他内心的自我，它引导着人类向完美状态发展。而人的身体只是这个灵魂的外在体现，通过它才能看到内在的灵魂。

你的灵魂永远与你同在，你的那个内心的自我是上帝的化身，也就是说，上帝与你同在。如果你完全信仰上帝，那么，你就必须依赖他的东西，都与他的计划相一致。比如，上帝创造你，就是让你去做某一项工作，并且他会赋予你足够的能力和智慧，以便你能完成这项工作。

但是你是否知道这是什么工作呢？只要你静下心来思考自己的梦想，你就能很容易地找到答案。这些工作就是激发你的潜意识。当然，这并不是为了获取功名利禄。

怎么才能让你相信你能绝处逢生呢？那就是通过内在的自我，仔细勾画出已经实现的梦想，透过心灵的窗户来想象它。然后，把它交给上帝，让他来告诉你方法，因为他与你同在。

告诉自己，你已经拥有了财富、成功、健康和幸福，你拥有了任何你所期待的事物。用寻宝图描绘出这些东西，然后，坚信你已经拥有了这些东西。

无论你接受的教育多么贫乏，无论你现在的处境多么恶劣，你都要相信你的精神力量，相信它能带给你任何知识和力量，能帮助你拥有一切想要的东西。如果想要完成一件工作，那么你就真的能完成它。并且，你只需要打开你的心灵之窗，你就能看到自己已经拥有的成就。

使每一个人成功的种子，都拥有足够的力量，可以为你吸取获得成功的任何元素。信念，是力量的来源。要拥有信念需要做以下三件事情：

第一件事，明白这个世界充满智慧。任何事情的发生都有其原因。你生活在这个世界上，就是为了完成某项工作，为了实现你的人生目标。你拥有足够的能力和方法来实现自己的目标。不必担心自己是否够强大、是否够聪明、是否拥有丰富的资源，你要坚信自己一定会成功。

第二件事，要意识到那个内在的自我，并且知道他正在做你所希望的事情。因此，你要看到已经完成了的工作，并在现实世界中一步一步地为获取这个结果而努力。上帝告诉我们：所有大门都为你而敞开，沿着成功的道路前进吧！

第三件事，坚信内心世界具有强大的能量。要相信通过你的心灵看到的结果，与你将要得到的结果是完全一致的。所以你完全没必要忧虑、恐惧。不要急匆匆地做这些事情，而要沉着冷静地向前走。如果遇到死胡同，你可以平静地等待，把那些难以解决的问题留给你强烈的征服欲来处理，要有强大的自信，相信自己一定能够战胜它。

记住吸引力定律就是宇宙定律。一株光秃秃的树，和任何树一样，只要吸引了那些真正的热爱和祝福的东西，并知道内心真正渴望拥有的东西，那就一定能长成一棵枝繁叶茂的大树。你现在要做的就是用你的生命和爱去浇灌这些树枝，使它们最终开花结果。

所以让我们时刻与我们内在的自我形影不离吧。内心世界的自我要向现实世界的自我问候、致敬，因为后者是大自然创造的完美生命。它拥有财富，掌握万事万物。

通过心灵的窗户，你能看到那个内在的自我正在做着你所期望的事。它是完全有能力做这些事情的！

卡尔玛法则

也许你听说过卡尔玛法则，卡尔玛是一个梵语词，意思是“报应”。卡尔玛法则也许是人们了解的最古老的法则，但也是最不被人们重视的法则。

所有的事情就像回旋的飞碟一样。耶稣也说过：“人们种下什么种子，就会收获什么果实。”在牛顿第三定律中，我们也可以看到相同的话：“作用力和反作用力是相等的。”

现在这个法则还在什么地方影响我们呢？如果你想发财，如果你渴望快乐、健康和成功，你必须在脑海中充满财富，你必须要让快乐、健康和乐观的念头充满你的大脑。

如果你在追求财富，你永远也不能停止投入，守株待兔是永远发不了财的。一个西弗吉尼亚的农民刚开始看《时间的奥秘》时，每天能赚一美元。读完这本书获得自信和知识之后，他找到了一份每天工作八小时收入六美元的工作，远远超过了原先的每天十二小时一美元的收入。他自豪地说：“我已经还了那些书。因为我已经从书里得到了我想要的东西，我不必买下它们了。我想我以后也许能赚到一百万。所以我现在要节省每一分钱，以此来赚到我的一百万。”这个人像一个漏斗一样，索取很多，付出却很少。卡尔玛法则给了我们这样的教训：你得把面包投入水中，才能得到成倍的回报。

扩展法则

“天堂”或许是《圣经》中被误解得最厉害的一个词，在最早的希腊教科书中它的同义词是Ouranos，就是“扩展”的意思。扩展是增长、扩散、繁殖的意思，找到一个地方，你可以扩展、增长、增加，带来越来越多的成果。

扩展事物只有两个方法：

1. 通过内部的压力。

2. 通过加热。

如果你想要扩展一些塑料的东西，你可以把空气或者液体放进里面，通过压力迫使它增大。你也可以直接用手拉，但是这种类型的扩展，压力持续多长时间，它就只能坚持多长时间。

可以维持增长和扩展必须来自物体内部，就像来自每一粒种在地里的种子一样。这种扩展只能来自于加热。例如，如果要扩展水，你必须把水加热使它变成蒸汽，然后通过蒸汽机就能获得更为强大的力量，这种力量相当于成千上万的人才能够获得的，或者是几百匹马才能办到的。

如果你想扩展金属，你可以把它加热到一定程度，在这种状态之下你可以充分利用自己掌握的技术制造出任何你想制造的东西。

如果你想从煤里面提出丰富的天然气和煤气，以及其他有用的衍生物，唯一的方法就是给煤加热。如果你想扩展玉米或小麦，或者其他任何水果或蔬菜的种子，让它得以生长，产生果实，你必须先把它们种到地里，给它浇水、施肥，这样种子生根抽芽，顶开自己坚硬的外壳，不断向上扩展。

但是我们怎么才能利用它来扩展我们的财富呢？难道我们应该把所有的东西都扔到火里去烧，期望从火焰中得到收获吗？绝对不可能。这当然不是耶稣的做法，也不是先哲们的做法。

他们利用的是热，但却是另一种热。赞扬的热、爱的热、保佑的热，它因为信念的催进而得以加强。

如果你经常与人打交道，尤其是跟孩子或者其他比较单纯的人交往，你就会发觉赞扬的力量的强大，这似乎增加了他们的能量。它当然也适用于那些受过良好教育的人们。在与动物或者人类相处的过程中，这也同样适用。

一位著名的销售经理与他的同事们遇到了点麻烦。他们的销售量一直在下滑，他所有鼓励的话和所有激励的措施都不能帮助员工们重振雄风。后来，他在大楼走廊里立上一个电子牌，每一个通过大楼的人都会看见，上面写着："本周销售表现最突出的销售人员是……"

销售额立刻就涨了，从那个星期开始他再也不用担心销售额下滑了。

这个方法如何适用于没有生命的东西呢？答案是不存在没有生命的事物。当今的科学表明，任何事物都充满着生命。在那些看似坚硬无比的钢铁后面其实是一些微小的原子旋转的能量汇聚而成。它们不断地旋转、反弹，就像太阳系里各个行星运行那样。在这期间，就算对它们加以飞机那么高的速度也是没有任何影响的。物体作为一个整体是安静的，但是它的内部却充满着无限的能量。

哪里有永不消失的能量，哪里就存在着生命；哪里存在着有序的运动，哪里就一定存在着治理和思考。而且哪里有思考，哪里就有新的进步。正是生命中的这种进步，使你可能去证明这个事实：人类应该控制这个星球，控制所有地球上的东西，掌握地球上的所有物质。

你怎样才能运用这种控制呢？只有通过赞扬，而不是通过武力或祈祷。正如查尔斯·雷尔毛说道："有这样一个关联心理法则，不论你赞扬什么东西，它都会增长。创造的物体，作为一个整体都会对赞扬有所反应，而且很高兴。孩子们获得赞扬时就会快乐的成长，动物驯养员会鼓励或奖励动物，来训练它们对自己的忠诚度。我们可以赞扬自己的能力，当我们说出鼓励和欣赏的话时，自己的脑细胞就会在能力上得以增长、扩展，智力也就得到提高。"

增长法则

有这样一条永不衰落的增长法则：“不管你祈求什么，它都会增长。”数一下你自己的愿望，它们都在增长。如果你现在需要金钱，就马上去开始赞扬你获得的每一笔小钱。你将会非常惊奇地发现这一点点的小钱是如何越变越多的。保佑你的商店，保佑你的收银台，保佑为你工作的每一个人，保佑每一个前来购物的顾客。

如果你现在正为别人工作，并且想要有一份更好的工作或者更高的薪水，那么就从感恩开始吧，感恩你所拥有的一切：感恩你在做的工作，感恩它让你学会了工作中的每一项技能，感恩工作让你有了提高能力的机会和服务他人的机会；感恩你的薪水和报酬。

假如你的老板看起来不感恩，而且有些小气刻薄，我们同样也要感恩他。感恩那些可以真心服务于他人的机会，无论相应的回报看起来是多么的少。奉献出你最好的，而且是无私的奉献出这些东西，你会惊奇地发现你的“增长”来得是多么的快。

保罗和塞勒斯身陷囹圄，但他们并没有绝望，而是欢快地唱着赞扬的歌，结果监狱的墙都被震倒了，他们也因此逃了出去，重获了自由。

增长法则中写道：“如果有人告诉你获得幸福和完美的最快速、最稳妥的方法，那么他一定是让你去约束自己，赞扬所有的那些给你带来幸福和快乐的人。”

你怎么才能获得更多的财富、幸福，还有生活中所有的美好呢？那就是通过扩大你所拥有的东西。扩展的方式是通过爱、赞扬和感恩。我们是创造者，今天我们能够创造明天，我们自己要创造生活的环境。我们今天的状况是昨天，以及以前一段时期内心中所想实现的结果，今天的行为正在缔造未来即将生活的世界。

不管你是贫穷还是富有，健康或是多病，你都是某一方面的成功者。你把以前在自己眼中浮现的力量汇聚于自身，把与你一道的力量成为好的或者坏的，正如你这样称它们，它们以同样的方式来帮助你——善良的力量或者罪恶的力量。

然而，总会有幸福的结局。你不必让事物自生自灭。如果你不喜欢现在的结果，你可以重新命名那些仆人。你可以保佑并且赞扬好的东西，不论它们是多么的微小，你都可以让它们翻一千番。

或许如果你记得这就是大自然的运作的方式，那么你理解起来会更容易一些。以矿物质王国为例，一些细胞显现出协调性，也就是聚合的能力。因为所有的东西都是同样的类型，电子以同样的速率运行着。同样它们也具有那种排斥其他种类放入细胞汇聚过来的能力，因为这些细胞的运动速率不同。

在蔬菜王国，选择的过程更为明显。每一组细胞都只会吸引那些在自己周围，对自己有用的细胞，而排斥其他的细胞。因此，西红柿和马铃薯，还有扁豆及其他蔬菜在一起生长，却仍然各自独立，形态各异。马铃薯的任何部分都不会被西红柿吸引过去，反之亦然。每个特定的东西都会利用它的选择特性去保持个性。

这个原则，跟大自然其他所有的原则一样，适用于所有的生命。

自从漂在原始大海上的单细胞组织形成的那个时候起，这个法则就一直没有变。这就是根本的增长法则。

以最简单的细胞生命形式为例。它是如何生长的？它要划分——每一部分都从最原始的形式开始，然后反过来再进行划分和生长。

以最高的生命形式人类为例。身体内部适用的是完全同样的法则。事实上这是大自然所了解的唯一的增长法则。

宇宙间所有的东西都源于一个核子，它很可能是一个想法、一个志向或者是你内心的渴望。但是单纯一个核子本身并没有力量。它不能吸引来一个要素。你必须让它运动起来。你必须赋予它生命。“划分，然后生长！”献出你的一部分东西给它，让它启动，不管你拿出的是金钱，或是时间、行动，或者所有这些东西。让它开始旋转，赋予它吸引的力量。

怎么才能做到这一点呢？首先，你要通过启动某些东西，例如，如果你想要一份特定的工作机会，那么当成功的时候就要让这个工作把自己带动起来。如果它要求你要有影响力，你就培养出具有这些影响力的人来。如果这份工作要求你有特殊的知识，你就必须学习，直到你把这个知识掌握为止。不管要求什么，你都要做出来，在做的过程中，你可以不断地对自己说“我行的”，而且你要告诉自己，你是一个成功的人，正在取得心中渴望的任何东西。

“你想在生活中得到的任何东西，”福克斯写道，“一个健康的身体，一个满意的职业，一个好朋友，一个好机会，你必须让内心怀有同样的东西。”

那么，什么是心中所怀有的事物意象呢？

成千上万本书都曾经写到如何去成功，如何赢得你内心的渴望，但是下面是一些基本的事情：

1. 每一个核子都具有吸引其生长和结果所需要的各种东西，如果它被启动，付诸行动，然后通过不断的意念得以加速。

2. 这种知识应当让所有的人都获得成功。这种知识值得你花费任何东西来换。它可以使你克服身体残疾，战胜阻碍。你可以把它称为上帝的礼物。

所以，开始做这些事情吧！不管这件事有多么小，开始就是成功的一半。开始让你的核子旋转起来，反过来把一些和目标无关的东西剔除。一种强烈的要求，背后受一股强劲的目的所支撑，就如同一块磁力巨大的磁铁，任何铁质的东西都会被其强大的磁力吸在周围。

要记住这块磁铁的能量完全取决于你心中的信念。普林斯顿的亨利教授很多年前做过一个试验。他拿出一块比较大的磁铁，能够吸住几磅的铁。然后他用电线把这块磁铁围起来，这条电线连接着一个小电池，通过一些电流，这回磁铁可以吸住3000磅的铁。

你对自己的信念就像来自电池的电流，它可使你的磁性无限增大，可以让你获得对你成功有用的东西。

第六章 生命的精神再现

在这个竞争激烈的年代，要想不被社会所淘汰，我们必须要不断地完善自己，攀上生命中一座又一座高峰。在全面认识自己，了解自己之后，我们要做的就是对症下药，减少自身的短板，强化自己的优点，扩大知识面，选择对工作有价值的进修，拓展社交关系，慢慢地达到完善自身的目的，这样我们才能完成自己的使命，我们的生活才更有价值，才不辜负上天赐给我们的这次生命。

——（英）狄更斯

生命是最重要的

美国的很多富翁说，他们愿意花费1000万美元去买10年的寿命。我想如果真的可以让他们的生命延长10年，就是花上一亿美元他们肯定也同意。其实，历史总是惊人的相似，中国历史上第一位女皇帝武则天，在她80岁的时候跟她的宫女说，我愿意用我的江山换取你的青春。这句话几乎道出了所有人的心声。

生命对每个人来说都是最为珍贵的，就算是个已经被判处无期徒刑的罪犯，他也希望可以继续在这个世界上活下去。

无论你有怎样的人生理想或目标，都请记住，生命是最重要的。永远年轻、快乐是我们每个人的心愿，世界上没有任何一个人会希望自己提前衰老。我们人类是个天生的矛盾体，尽管人们有如此美好的愿望，但是很多人并没有为保持青春与活力做出应有的努力，相反，他们常常做出损害健康和影响长寿的事情来。这些愚蠢的人们总是在浪费生命，他们总是按堕落而违反自然规律的方式生活，并且不知道为什么自己的能量会流逝。浪费能量和精力必然会招致惩罚，规律而有节制的生活才可能为你带来健康和长寿。

如果我们在青春和健康上面多努力一些，那么我们人人都可以长命百岁。做个形象的比喻，人的身体就是一个闹钟，如果我们懂得爱惜它，那么这个闹钟就会准确耐用；如果我们滥用它，并且从不呵护，那么它只会越来越慢，偏离正常、准确的时间点，提早“退休”。让人们感到不可思议的是，尽管很多人知道生命可贵，并且渴望自己能够长命百岁，但还是以一种不健康的生活方式和错误的观念，让自己的生命之花慢慢枯萎。

决定人们生活态度的是人的心理年龄，而非自然年龄。如果我们的心态像老年人那样，那么生活中我们也会呈现出老年人的性格和生活习惯，我们就会真的很快变老。人类的心理状态决定着自己的生活质量，每个人都有能力延长自己的生命，心理活动影响着生命的健康，不管我们是年轻还是衰老，这个法则一直适用。

如果一个人总是认为自己的身体越来越差，精力也下降的厉害，自己正在一步步衰老，那么他绝对不会拥有一个健康的身体和充沛的精力。一个人的心理状态如果是消极的，它就会阻碍正常的生活状态，影响自己的生活质量。

我们大部分人都没有意识到心理状态的重要性。其实不难发现，只要集中思想，我们就会取得预期的好成绩。如果我们总在向往美好的生活，那么我们就会得到那些美好的东西；如果你认为自己老了，即使现在很年轻，你也只会像老年人一样地生活。

只要让自己保持年轻的心理状态，我们身体中的每个细胞都会发挥神奇的自我更新作用，不断发挥活力，我们离衰老也会越来越远。

很多人的年龄并不大，但看起来老态龙钟，迟暮苍苍，他们就这样屈服于年老的痕迹，而从不做任何抵抗。这些人总会在自己身上寻找岁月的痕迹，认为自己现在的样子是年龄递增的必然结果，哪怕是工资的递减都会让这些人一触即痛。如果他们感觉比以前更容易疲惫或是觉得自己不能再像以前一样承担重大的压力了，那么他就会认为自己精力已经耗尽了，就会不断重发那句消极的话："看来我是真的老了，我已经不像以前那样年轻了。"

我有一个朋友，他经常觉得自己已经老了，他总是说："你知道，当一个人过了60岁，他就会真的老了。我总是觉得自己变得越来越僵硬了，骨头变得越来越脆弱了，肌肉也没有弹性了。"他总是认为自己老了，不再适合干一些事情了。他最常说的话就是："这些事情应该由年轻人去做，我这个上年纪的人是无法胜任的。"他总是把注意力放在衰老上面，他总在预见那些衰老的景象。

心态健康才能保证身体健康，普仑狄斯·玛尔伏特说："如果你在30岁或者35岁的时候，就觉得自己开始衰老了，那么最迟55岁，你就会成为一个名副其实的老人。因为你的心态决定了你的身体状况，如果你认为衰弱总会到来，那么它真的会提前到达。"很多人在60岁时看起来就很老了，很大的原因就在于他们认为自己正在不可避免地老去。

对于生老病死，我们人类的认识存在一个误区，那就是人们通常认为只要到了40岁或者50岁的时候，我们人类就会快速衰老，失去能量，体力和精神也会慢慢下降。可事实并非如此，人类总是要在生命的最后期才能达到真正的成熟。在那个阶段，人们拥有最多的能量、最高的效率以及最多的智慧。没有谁规定人们必须在50岁或者60岁时就开始衰老。我们人类变得真正的成熟，至少需要30年的时间，与植物的成熟时间是完全不同的，它们花了很长的时间成熟，但是会迅速凋零衰败。动物的存活时间，一般是它达到成熟所需时间的四五倍，但我们人类只达到成熟所需时间的两倍，根本就不应该衰退，这个时候，正应该是我们积蓄能量和精力的阶段，我们至少应该活到完全成熟所需时间的四倍，也就是120岁。

英国著名医生赫尔曼·维伯认为，人类可以轻易地活到100岁。按照应有的逻辑，一个人在75岁的时候会达到身体的顶峰，这个时候他拥有最高的能力和精神。一个七旬的老人花上一年的时间所取得的成就，要比他年轻时花上好几年所获得的成就更大，因为年轻和中年时代的经历让他积累了丰富的经验、知识和智慧。

巴耶特·斯蒂德曼说："我真的不明白，为什么人们觉得70岁就是他们生命的极限呢？如果我们保持精力，活个500年也不多啊！我想尝试的领域太多了，做50年的旅行者，50年的发明家，50年的政治家，然后学习画画、雕塑，也可以当个渔夫、水手、诗人、作家什么的。"

只要我们能够保持对生活的热爱，只要我们心灵不老，我们的心脏依旧热血沸腾，那么我们就不算老。我们要积极接触生活的方方面面，让自己时刻保持年轻的心态。有些错误想法我们必须要抛弃，那些认为我们的能量会在一定的年龄衰退，我们的理想之火也会熄灭的想法是有害的。要相信，我们能突破自己设定的"衰老期"，更能办到我们认为做不到的事情。

如果你觉得自己正在步入老年，那么你就会迅速地衰老下去；如果你一直固执地相信衰老是无法逆转的规律，那么衰老就会在不远处等着你。关于年老的错误想法一直在不断地折磨着我们，使得我们浪费了许多应该好好享受的美好时光。我们应该彻底改变这种心态，这样我们才会变得更年轻。如果我们能够永远保持心理的年轻状态，那么我们就会活得更青春，心态不会随时间的流逝而变老。

向世界宣告我们会青春永恒，而在这句神奇语言的作用下，我们的身体会处于健康和谐的状态中，皱纹或者其他的衰老痕迹也不会显现。

我们的想法决定了我们所处的状态，这是无法改变的规律。假如一个病人认为自己必死无疑，那么再高明的医生也无法妙手回春。

看看我们周围，有很多人总是将六七十岁作为自己生命的最后界限，他们深信自己活不过这个期限，总在考虑生命的最后规划和行动，这是多么愚蠢可笑的行为。

单调是迅速衰老的催化剂，它最容易让人的思想停滞不前。生活单调乏味的人最容易产生关于寿命的错误观点。农村相对于城市来说，有着宁静的环境、清新的空气、天然的果蔬，但是生活在农村的人比城里人更容易衰老。这是因为他们的生活方式太单调，对外界缺乏好奇心，也没有什么生活情趣，缺乏进步、新鲜的观点，被僵化的思想所束缚。

精神增长的四重信心

所有商业上的成功人士，其成功的关键在于信誉。信誉就是你的合作伙伴对你完全的信任，是他愿意和你进行一场公平交易。

你建立商业信誉的基础，则是你与未来客户进行的交易，他愿意与你合作，并及时支付给你货款。你可能从未见过他，甚至不知道这个人。但你们合作时，你会相信他，就是因为这份信心，你的事业才会兴旺发达。

如果你对一个素未谋面的陌生人都保有信人，放心地与他进行大型交易，那么，你能否对上帝也有一点信任呢？虽然你从没见过他，但你绝对能找到他存在的证据。比起与你做交易的那些千里之外的客户来说，上帝跟你的关系更为亲近。你与他不是金钱关系，甚至你们之间不需要信誉，而他却能随时为你提供正当的帮助，这难道不是最有力的证据？

有些人对自己的能力有信心，所以能成功销售一部分货物，或者靠小小的伎俩挣得了一点利润，但他们没有成为真正成功的商人。所以他们也做出了相应的反应：埋怨自己不能取得更大的成功，开始愤世嫉俗，慢慢失去了对他人的信任，最终丧失了对自己的信心。

成功的商人必须有四重信心：对上帝充满信心，对自己的产品充满信心，对良好的服务充满信心，对自己必定成功充满信心。这些信心能使你成功销售任何东西。同样，对上帝有信心，你就能做任何事情。

银行家与典当老板做的事情都是放债，双方都要求完全保障。但要想从典当老板那里取走一分钱，你就必须拿一些再售价值的物品或财产做抵押，并且还得接受评估和检查。而真正的大银行家把款贷出去，则是建立在对借款人信任的基础之上，信任是一个比安全保障更有力的保证。

美国是一个建立在信任基础上的国家。铁路建造商们在建造铁路时，国家暂时没有足够多的贸易，所以无法对他们的投资做出快速的回报。但他们却相信，在不久的将来，这样的投资一定会发挥出巨大的效应。正是这种信心，让美国成为了发达国家。

同样的信心在当今社会随处可见。人们建造大型工厂，是因为他们相信公众会购买他们未来的产品；他们建造办公楼、公寓、住宅，是因为他们相信这是城市的发展需要；他们建造公共设备，是因为他们相信人口会增长，供求关系会导致新的需求产生。

人类的信心创建了城市，造就了商业贸易，塑造了人才。实际上，每一种美好的事物都是建立在信心的基础之上的。因此，如果你没有信心，那么现在就培养它，把这当做最重要的事情，给它浇水、施肥，为它裁剪，这是生命的重中之重。

在精神法则下行事

在精神法则下行事，没有稻草也能做成砖。它的意思是，可以完成看起来无法完成的工作。

《出埃及记》的第五章给我们作出了一个神秘的诠释，阐述眼前那幅日常生活的图景。

埃及法老那里总是有五花大绑的儿童被送来，沦为法老的奴隶，遭到人们的憎恨、蔑视。

上帝要求摩西去解救这些人。

可是法老不但拒绝放走他们，还令他们的工作更加艰难，他要求奴隶们在没有稻草的情况下做出砖来。

传令的人走了出去，军官进来对人们说："法老要求我不给你们稻草。稻草要你们自己找，但是你们的工作量不能减。"

法老严厉地打击了以色列儿童，因为没有稻草他们根本做不了砖。正在这时，他们耳边响起了耶稣的声音："去工作吧，孩子们，虽然不能给你们稻草，但你们可以传颂砖的故事。"

人们的生活中也会出现这样的情形。

艾格尼丝·劳森在她的《圣经启示》中说："在埃及，受外来压迫的生活，象征着在破坏性思想、骄傲、恐惧、怨恨、邪念与恶意之中的人生生活。摩西的话将他们从牢笼里释放出来，只有我们首先了解了法则，圣哲的仁慈才会降临。所以，要履行法则，必须首先了解法则。”

“智慧的开始是对法则的恐惧，只有对法则非常了解，他的表扬才会永远持续。”这是第111篇赞美诗的最后一段提到的。

我们现在读一读“法则”一词，会对这段话有着更深刻的理解。

智慧的开始就是对法则（因果报应法则）的恐惧。

当我们得到我们的所为都会降临在自己身上，我们就会对这种因果轮回心存恐惧。

下面这则刊登在医学杂志上的故事，就告诉了我们伟大的法老所受到的轮回报应。

千年以来的疾病似乎都可以遗传到人的肉体上。我们从马尼亚汉爵士在利兹的一次演讲中得知，残酷的法老患了心脏硬化。演讲上展示的3000年前手术结果的幻灯片令人非常震惊，其中一幅幻灯片的内容，正是法老做外科手术时的遗留物质。

从幻灯片里我们看到，自心脏伸出来的大血管完好无损，能做切片，也可以对比最近的幻灯片。它与现在血管几乎没有区别，两个心脏都有动脉粥样硬化的迹象，血管壁上有钙盐沉积，使血管坚硬而缺少弹性。

血管变细会使血液无法流动，动脉系统的变化会导致心理的变化：心肠变硬是因为用狭隘的眼光看待事物。

因此，法老的铁石心肠僵化了他的心脏。

几千年前是这样，现在也是这样——我们走出埃及，走出奴役的房子。

你的疑虑和恐惧会使你变成奴隶，如果你觉得面对的情况没有任何希望，那么你还能做什么呢？这与没有稻草的砖并无区别。

没有稻草，你要制砖；没有道路，圣哲可以为你开辟出一条道路！你意识中的法老王冠被理性思维拿走了。他告诉你：“没有稻草不能造砖。”而我们则必须通过坚定信心的语言，驱除这个错误的想法。

比如这样说：“看来不太可能的好运现在都来到我身边了，这让我出乎意料的快乐。”这句话能够驱除很多理性思维的错误想法。

“出乎意料地快乐！”这是一种无与伦比的想法。

“我要变得比敌人更加聪明。”把你的错误想法，你的疑虑、忧愁和恐惧全部驱除！

思考如何逃脱法老的统治，达到永恒的快乐。思考如何在自己的意识之中建立安全、健康、财富、快乐的思想。这样，人能够脱离所有的束缚！

所有的生命都是摆动的。当我们摆向成功、快乐与财富时，所有的事物都会自动来到我们的身边，意识之中的事物都会向我们靠近。

我要告诉大家一个关于法则是如何发挥作用的故事。

我去参加一个派对，人们在玩一种游戏，赢的人会得到一个漂亮的风扇作为奖品。

在派对上有一个非常富有的女人叫克拉拉，她不缺任何东西。全场的穷人都走到一起，小声说：“我们希望克拉拉得不到风扇。”但是，克拉拉最后却得到了风扇。

她是最不在乎自己是否得奖的，然而却得到了大奖。嫉妒和愤怒会带走你的好运，带走你的风扇。

如果你感到嫉妒或愤怒，你应该这样说：“圣哲为别人做的事也会为我做，而且做得更多。”这样，奖品就会来到你身边。

只有自己才能给予自己，只有自己才能剥夺自己。人生的游戏就是一场单人纸牌游戏，你一旦改变，全盘皆会改变。

无须再回到残暴法老的状态，没有人喜欢残暴者。

莱蒂的父亲有足够供养她母亲和她的衣食住行的钱，但却谈不上奢华。

莱蒂在艺术学校学习，当时学生中盛行把“带翅膀的胜利”和“威斯特勒的母亲”这样的复制品买回家去。她父亲称这类复制品为“赃物”，他说：“别把这些赃物带回家。”

因此，莱蒂的衣柜上没有“带翅膀的胜利”，墙上也没有“威斯特勒的母亲”，但她的生活丰富多彩。

她父亲还总是对她和她的母亲说：“我死后，你们就富有了。”

有人问莱蒂：“你打算何时出国？”（这里的学生都期望能到国外去。）

她高兴地回答：“等爸爸死后。”

由此可见，人们期盼富有和反抗压迫的心情是并存的。

我们曾经是忧虑和恐惧的敌人。现在，我们将从负面的想法中解脱出来。让我像摩西带领以色列儿童那样带领你们离开埃及，脱离束缚。

找出那些严重压制你的思想，找出你最大的障碍。

春天砍下的木头大量地顺流而下。有时会相互交叉，出现拥挤，负责监管的人就会把交叉的木头摆直，这样木头就能继续往下流了。

我们好运的最大障碍就是愤怒。

你越是憎恨别人，就越为别人所憎恨。久而久之，你的思想之中就形成一个憎恨的轨迹，憎恨会成为你的习惯。这样，你将错过很多机会。

我记得很多年以前，卖苹果的人每天都起得很早，为的就是能够在街上占个好位置。

有几次我在公园大街上见到一个人，他的叫卖很平直。有人走过，他就会喊："苹果，苹果。"当然，没有一个人停下来购买。

我买了他的几个苹果，并且对他说："你要改变一下你的叫卖方式，否则没有人会买你的苹果。"

他回答："我的位置被那个人占了。"

我告诉他："位置不是最重要的，如果你表现得兴高采烈，在这儿你也能卖得很好。"

他听从了我的建议。第二天，我再次看到他，这回他改变了叫卖方式，脸上挂满了笑容，生意也变得很好。

因此，你一定要发现自己的最大障碍（或许不止一个），这样，成功、快乐与富裕才会接近你。

"现在去一个没有稻草的地方工作，而且必须在没有稻草的情况下，造出砖来。"

构筑我们自己的精神家园

每一幢建筑，最初都是一种精神理念。从精神图像发展成一幅草图，画在一张纸上；从最初的理念，逐渐发展成建筑图样。从这张纸开始，一个钢铁框架首先竖立起来，接着以木材、砖块、石头或水泥为原材料的外墙……最终发展成为具体的一栋建筑。这就是一幢建筑进入你的视线的过程。每一幢建筑都是先生成它的精神草图，然后才形成它们的物质形态。物质形态的背后是精神理念，而理念来自不可见的领域。

把一件事情可视化，直到你实现它。把一次更大的成功可视化，直到你获得了这样的成功。然后，把一次更大的成功，总是保持在理性的限度之内，这样才能为不可预测的情况留有余地。在将一件事情可视化的过程中，或者在构建你的精神图景的过程中，理念总是保持在合理的生长与发展的范围之内。持久的成功通常是适应地生长与发展的。你所构建的精神图景如果大于理性所能证明的限度，你肯定会一事无成。因为时机不成熟，成功不可能实现。

精神家园的构筑对我们在生活中的全面进步，有着重要的影响。因而需要我们用心经营，而且还要持续不断地关注，让它的周围充满阳光、温馨、整洁的气息。而我们对于为自己构建精神家园，却往往失去耐心、细致与周到，这也常常是我们失败的原因。因为就重要性而言，后者远胜于前者。如何架构我们的精神家园，选择什么样的材质和氛围等，都将直接决定我们面对生活中每一个琐碎问题的具体观点和态度。

精神家园的材质是过往经历集中反映到我们的潜意识中所得到的一种反馈。一旦反映出来的印象充斥着恐惧、忧愁和恼怒，相应地就会得到负面的、消极的、充满怀疑的反馈，那么，我们今天能够用来建造精神家园的材料，其质地无疑也是负面的。如此一来，它会将我们的生命投入到痛苦与怨恨之中，这个对我们来说是完全不应该的。怎样才能获得上乘的精神家园的材质呢？其实只要我们勇敢坚定、乐观向上，同一切不好的观念作斗争，主动摒弃或改造它们，上乘的精神材质就会来到我们身边。一旦拥有了它，我们甚至可以自主选择多姿多彩的生活。我们所构建的精神家园自然也能坚如磐石，历经风雨而岿然不动。当精神有了一个良好的栖身之所，我们就没有什么顾虑了，就能信心百倍地面对我们的未来了。

不过，只有当顺利完成了精神家园的基础性建设，我们才能在此徜徉悠闲，用剩余的材料构筑我们理想中的世界。在获得美好精神家园的同时，我们自己也得到了重生，拥有了敢于面对一切的果敢与坚定，从此不再彷徨、怯弱和害怕。我们心底深藏的一些新的意识被唤醒，这让我们立刻拥有了无穷的潜能。在这股潜能的指导下，我们昂首阔步地不断前行。

生命中的精神力量

人们为了生存和发展，需要一定的物质，各种形态的生命成长都有各自所需的物质，我们的精神也需要。材料的品质决定了成品的价值，要想做出有价值的产品也需要有合适的材料。这就好比生产纺织品，如果用再生绒，即使拥有精湛的工艺，也不可能纺出上等的纺织品。因此，要想生产质量好的东西，首先要确保原材料的品质是好的。

那我们如何获得所需材料呢？最可靠的途径就是不断地发展和完善自身，聚拢最优秀的材料。其实这对于我们来说并不难，因为我们的体内有超过五百万的精神建筑工——脑细胞，它们正整装待发，时刻愿意为我们的宏伟事业冲锋陷阵。正是有了这些细胞的努力，我们的身体才不停地被重新塑造。除此之外，它们还能够进行一种精神活动，把进一步完善所需要的物质聚拢到自己身边。从这个层面上说，我们非常富有，因为我们的体内还有数以亿万计的精神建筑工，每一位都拥有足够的智慧，能够领悟并作用于我们所接收到的信息或建议，帮助我们在关键时刻做出英明的决断。

有些人对这种精神力量深信不疑，并不断地应用这些方法去帮助自己和他人。同时，他们还借此机会开展自我治疗，通过自己的行动与努力，将思想中的场景变为理想。他们了解，只要他们掌握了这一法则，那么一切健康、富有、成功都不会遥不可及，一定会在不久的将来实现。而另一些人之所以被困境折磨，仅仅是因为他们还没有参悟到这一点。

只有那些上升到了精神层面的人才清楚地知道，必须抛弃许多习惯做法。在这样的理念引导下，某些习惯可以轻而易举地离开个人，甚至会自动消失。但是，当个人坚持在旧世界里活动的时候，他通常会发现："一家自相分争，就必败落。"总是历尽千辛万苦之后，他们才明白，违反精神的法则，必然遭到惩罚。

如果你正往上攀登，如果你正在接受教育，如果你看到了精神上的真理之光，你就应该比那些尚未达到这个程度的人的造诣要高。你所肩负的任务也越重，你的地位也越举足轻重。

精神力量永恒存在，它是实际存在的创造性力量，蕴藏着无穷的魅力，借助这种力量我们可以为自己创造新的环境和际遇。它不仅能弥补以往的错误，起到补救的作用，也能起到预防的作用，保护我们免受各种各样的危险。对精神力量的真正领悟，会随着对它的使用而不断增长，因为精神力量的魅力令人折服。

认识是一种精神体验过程。这种过程就是个体和普遍适用的法则相互作用的体现。这种精神体验过程的作用和反作用也是一种因果关系的法则，这种法则并非建立在个体之上，而是建立在人类共有的理念基础之上。它不仅体现为一种感受，更像是一个主观的进程，其结果就反映在我们的外在世界中，和我们的内在世界相互呼应。

我们拥有广袤的、丰富的精神实体的世界，就像一个深不可测的海洋。这个海洋孕育着勃勃的生机，它可以满足不同的精神需求，它通过我们不同的个体的思想得以表达和外化。

对这种理念的应用才能体现出其价值所在。当你对这些理念和法则真正领悟并运用自如的时候，生活中无论是物质层面还是精神层面，都会发生变化，富足取代贫困，睿智取代迷茫，和谐取代混乱，光明取代黑暗。

奥古斯特·孔德说过："实证的精神在于让自己远离神秘主义和经验主义的危险。"人们的想象在这两种东西中找到快乐，但我们必须把所有"真正"的知识带回到一个正确的轨道上来。当你借助观察或演绎认识了关于现象及其关系的规律时，你就应该心满意足了。因为这些规律能使你在某些情况下干预现象，用人工秩序去取代自然秩序，以更好地满足自己的需求。因此，今天实证科学所研究的对象主要是机械、天文、物理、化学等学科。

但是一旦问题触及到某个源自人类良心的事实，或者是某个跟社会生活、历史相关联的事实，那么相反的倾向就会出来。我们的心智不单单要探索现象产生的规律，而且还要解释它们，我们想找出这一问题的本质和原因。

那些乱糟糟的运动让世界充满了麻烦和骚动，这些动乱并不仅仅源于政治，还源自道德的混乱。除非最终建立起理性与和谐的社会秩序，否则人类就会面临灭顶之灾。道德的混乱又源自智力的混乱，也就是源自人们缺乏诉诸心智的共同原则，缺乏对观念与信仰的普遍认同。因为，要想让人类社会生存下去，社会成员中个人的情感或者利益达到某种和谐是远远不够的。要知道在一个有共同信仰的团体中得以表达的智力和谐才是真正必不可少的。

有足够的空闲时间，受过足够的教育因而能够拿出有力的事实检验这些结论的人，总是很少，除了少数的人外其他人的态度必定是盲从。新的真理是“被证明的”，它排除任何超出关系领域之外的东西，排除所有未经科学方法建立并控制的东西，排除在任何时候都不能证明是心智能够找到实证的所有东西。

这种形式的“真理”已经在科学实例中大量存在。如今所有人都相信太阳系的理论，我们把这一理论归功于哥白尼、伽利略、牛顿，但又有多少人理解这一理论的依据？这对一些人来说是科学的问题，对另一些人来说是信仰的问题，而他们自己也经过必要的研究的话，结果也会相同。宗教上的“神”和“宇宙”实际上是等同的，既是精神的也是物质的，这是两者的共同属性。

就像我们没有理由怀疑在遥远的宇宙里生存着某些组织化程度更高的生命体一样，这些生命体（作为处于更高的发展阶段存在的）的智力也类似于我们地球人，因为在整个宇宙中，只有存在与人类一样的智能才是合乎常理的，这种智能让所有的物理规律都呈现为智能规律。

专注是一种至高无上的境界，是心无旁骛地做一件事情。要做到这一点必须集中个人的精神能量，将其定位在某一特定的想法上，将内心一切杂念统统排除。举个简单的例子便可以说明这一点。如果你曾经观察过摄像机的反光镜，就会懂得假如不对准镜头，物体产生的影像就会模糊不清，而要使图像清晰明朗，就需要调整好焦距。做事情也是这个道理，必须集中所有的精神力量在你所期待的目标上。假如做不到这一点，就只能看到一个模糊不清的奋斗目标，而你的精神图景也只能是模糊不清的。

许多人看起来很忙，而且身心疲惫，却一事无成。这是因为他们虽然努力，却没有一个坚实的目标，所以虽然耗费了大量的时间、心思、精力，可是所做的都是无用功。而如果他们能够调整方向，朝着愿景中的某些特定目标努力的话，肯定会获得截然不同的结果，甚至可能会创造出奇迹。换句话说，这就是专注的作用。

如果你能专注思考，在思考上倾注你所有的注意力，那么你心中的与它们相和谐的想法便会被激发，而你很快就能领会到你所关注的这种思想的深刻意义。专注能提高效率，专注能使目标明确，专注能使自己走向成功。

精神引领生命的未来

在人类的精神领域里，确实存在着这样一处房产，你就是这处房产的继承者！请抛开你的软弱与无助，尽自己最大的力量去占有并适应它，发挥出你体内的潜能，使出浑身解数去掌控它，营造出大好的局面，这就是资产负债表中的净资产，它将回馈给你幸福与平安。只有付出努力，你才能掌握决定自己生命方向的权杖，你的人生才是完整和完美的。

如果顺理成章地将这笔丰富的财产纳入你的名下，你需要做以下三步：真诚渴望——主张权力——势必占有。这三点就是你的美好生活，也是你的目标所在。迈出这三步并非难事。财产继承者唯一要做的就是心无旁骛地行使自己的继承权，占有并使用这些配置，不让它荒废。因为美好的存在一旦被荒废，那就等同于被无情地放弃。

在遗传学领域里，达尔文、赫胥黎、海克尔及其他生物科学家已经为我们确立了遗传法则在人类进化过程中所占据的主导性地位。人类的直立行走，以及其他种种生理能力，像运动、消化、血液循环、神经系统、肌肉力量、骨骼结构，甚至是精神能力，都得益于人类遗传的成就。

所谓百密一疏，尽管这些睿智的先哲们已经考虑得很周全了，但还是有一种遗传现象被遗漏了，那就是人类自身体内的无限生命，它超越了科学家们所能研究和想象的范畴，对此他们深感无力——这种非凡的遗传现象的存在，无法告诉众人，因为有的科学工作者依据其理念的程度而无法阐明这个界定。

你可曾对自己的未来作出过具体的规划？你是否有一项宏大的计划、方案或创新正在规划当中？把它留给自己吧，别透露出来，否则你会半途而废的。你可以回忆一下自己是否将它告诉过别人，即使你相信自己一定会实现。你未来的成功要依靠它，它完全是你的私人财产，不应该让任何人看到它，除非那个人就是你自己。

把这些东西保留在你的大脑中，深埋在孕育它的地方。因为一旦它出生，世人就会认出它。

站得高才能看得远，才能更好地描绘和设计我们的未来。我们不能拘泥于自己的计划或人生目标，而应让所有的感觉安静下来，找到内心的最真诚的愿望，把精力倾注于内心的世界中，并在这种认识中安静下来，养精蓄锐。同时密切关注各种各样的机遇，找出万有能量给予你的精神通道。

要知道其实我们自己本身就是创造者。因为精神活动是属于内在世界的，它是在你的头脑和心灵中完成的，属于“因”的世界；而一切境况无不产生于内在世界，这正是“果”。正因为如此，创造是一件比所有事情都更重要的劳作。

世界万物的精华，不在于它拥有什么，也不在于它的力量如何强大，而在于它的精神。精神是生命的全部，是一种真实的存在。当精神离去的时候，生命也就烟消云散了。当你的精神产生倦怠时，就会停滞不前，一些更重要的实现意识力量的工作也就无法继续下去。因而我们应当经常寻求适时的“寂静”，从“寂静”中获得安宁。这种安宁将赋予我们思考的力量。这样，我们可以冷静下来，有了思考未来的机会，也就有了成功的可能。

一切事物都是先有“神”后有“形”，也就是说，所有的事物都是先在精神世界或心灵世界中被存在，然后才在外在的行为或事件中涌现出来，当它们神形兼备时，才算完整。

第七章
完善自己，挑战生命

生命不可能有两次，但许多人连一次也不善度过。

——（法）吕凯特

激活生命

人类为了让自己远离单调乏味的工作，许许多多的发明诞生了。要想延长自己的寿命，必须有乐观的生命哲学、良好的卫生条件以及科学的生活方式，这是公认的规律。

天生我材必有用，我们一出生就有自己的角色和责任。如果年轻人一直挥霍青春、无所事事，那么这将是致命的危险。一个人只有为了目标而努力时，他的生活才充满了意义，他才不会轻易地衰老；如果一个人无所事事，那么他就是行尸走肉，和死人没有多大的区别了。

户枢不蠹，流水不腐，诚实、勤奋可以让人的思想远离颓废、懒惰，会让人活得更加健康。人呆懒车呆散，无论是思想还是身体，如果我们不去运用，那么它们就会迅速老化。要想青春永驻，就要让我们的身体和思想都处于一种生动而活跃的状态。

琐碎日子的堆积不是真正的生活，如果我们身处的生活远离了成长和进步，失去了应有的价值，那么我们就和死人没有区别。有些人活在这个世界上，就是失去生命力的枯木，早已不会再去抽枝长叶，只是立在那里等待枯萎的到来。

想要让自己的思想长期处于活跃的状态，关键就是要有持续、坚定而正确的思想。同时，还需要有不断的观察和不懈的努力，必须像追求财富那样去追求它。

如果你希望自己看起来更年轻，那么就要永远认为自己年轻，要避免自己产生衰老的错误思想，要不断地提醒自己：我身体中的每个细胞都在不断更新、成长，它们从来不曾衰老。我正在不断地创新，我不会让那些错误的思维使自己提前变老。

只要我们保持年轻的心态，我们看起来就会生机勃勃。我们要时刻警惕那些心态之敌——衰老的思想、痛苦的回忆，我们要把它们统统抛掉，保持一个和谐年轻的心态，那样我们就会长命百岁。

美满幸福的家庭生活也会让你更加年轻，而家庭中的任何冲突，都会使你饱受生活的折磨。

晚上的焦虑不安就像慢性毒药，它们不仅会让我们痛苦不堪，还会损害我们的大脑，影响我们正常的身体机能。很多人之所以失眠，是因为他们总习惯在床上回想白天遇到的麻烦和考验。这些本来只是鸡毛蒜皮的小事常常会被我们放大，所以它们总是整夜在头脑中盘旋。一位长寿的英国牧师在被问到健康的秘诀时，回答道："晚上九点以后，我会将一些不开心的事情赶出脑袋，这是我的生活习惯。"

在睡眠中延缓衰老是长寿的最好方法。这很容易做到，只要在睡觉之前想着那些令人愉快的事情就可以了。一定要做到摒弃所有不好的感觉，忘掉那些让人痛苦难受的事情，让自己的心灵沉静、和谐、快乐，这样我们的睡眠质量才会提高，从而可以延缓衰老，延长寿命。

看看那些懂得养生之道的人，就算是活到一百多岁，也依然能保持年轻和活力。

我们的现实世界并没有像宗教教条那样充满忧伤，我们的赞美话语也不再像圣歌那样充满严肃和哀伤。从前，人们总会听到这样的流行歌词："坟墓中正传来一首哀伤的歌"，"死亡和毁灭常伴我们左右”等。在那个流行这些歌词的年代，当时的人们也普遍接受这个观点。可现在，我们幸福多了，不用终日生活在痛苦和悲哀中，我们可以自由欢笑，享受更多的快乐和幸福。

我们要想延长寿命，还有赖于良好的素养，开阔我们的眼界，提高我们看待事物的高度。就拿宇航员来说，他们接受过良好的教育，关注的东西已经上升到宇宙空间，他们从来不会觉得自己正处于衰老中。那些总是认为自己正在衰老的人是更容易短命的。

人寿命的长短也受职业的影响。有的行业会大大缩短人们的性命，尤其是那些长期在拥挤、黑暗的厂房工作的人。长期的黑暗对人的身体是不利的，而阳光却能大大恢复人的精力。

简单而有节制的生活也有助于长寿。那些牧师和传教士往往都是长寿的，这是因为他们的思想特别的纯粹、高尚，他们总是慷慨地奉献自己，引导别人远离痛苦和悲伤。这种高尚的思想，为他们带来了更健康的生活。

崇高的理想和远大的目标，能够促使你努力地奋斗，同样有助于身体健康。心中的目标和志向会为你提供一种不竭的动力，激励你发挥出自己所有的才能，使你的灵魂永远不老。

公平、诚实和美丽是人类的本性。如果我们破坏了任何一种状态，不管是在思想上还是行动上，我们都难以保持生命的内在平衡。这样我们就会浪费掉大量的能量和生命力，导致身体和心理的提前衰老。

如果我们的心态老是处于不和谐的状态，从来都是思绪万千、心乱如麻，那么我们就会衰老得更加迅速。不和谐的心态会迅速消耗我们的体力和心智，令我们痛苦不堪。而心理上的和谐愉快，可以使一个人的身体恢复活力，看起来更年轻。但在我们的生活中，很多人还是走进了误区，只保持外表上的年轻，并千方百计地掩饰自己衰老的痕迹。

我认识这样一位女性朋友，这个人近乎一个年龄偏执狂。她害怕别人看出她衰老的痕迹，特别是外出旅游的时候。她总是因为害怕衰老而恐惧，在很长一段时间内，因为害怕别人看到自己的白发，她一直都带着假发，还用遍了所有的化妆品和美容器械。

如果你想青春永驻，就要经常和年轻人在一起，感受他们的活力、灵巧和智慧，这样的你就会比经常和老年人呆在一起要年轻得多。在自己的内心世界里，要把自己看作是个血气方刚的年轻人，时刻昂首挺胸，拒绝弯腰驼背。让自己的穿着打扮看起来和年轻时一样，让自己浑身散发出青春和活力。

那些心中时刻保持浪漫的人，会永远年轻。对别人充满爱、宽容、善良、无私，也会让你青春常在。

把自己想象成理想中的那个自己。不要老是盯着自己的缺点，要坚信自己是完美的。坚信自己之所以出现在这个世界上，是因为有些事情只能自己才能完成，任何人都无法替代你，你就是这个世界上独一无二的人。如果总是关注自己的缺点与不足，那么你就会越来越自卑，别人也会收回对你的尊敬。

保持年轻愉快的心态尤其重要，它会让我们活力四射。千万别让自己老是处于严肃、紧张的状态中，这种状态只会使你萎靡不振，加速你的衰老，失去应有的快乐和幸福。快乐和年轻是相辅相成的，快乐会延缓我们的衰老。想要健康地生活，就要创造更多的快乐。因为快乐是美丽生活的加油站，是健康长寿的护旗手。

严肃、紧张和冷漠的态度，会让你的神经一直处于紧张状态，焦躁不安的你是不可能拥有健康和幸福的。那些过度紧张严肃和自私贪婪的人，总是会非常快地衰老，相由心生，他们的面貌也毫无魅力可言。

要想让自己生活得健康快乐，幽默是必不可少的。幽默是快乐生活的润滑剂，它可以消除我们的忧虑和烦恼，加速血液循环、促进消化。在心情愉快的状态下更容易入睡，有益于提高睡眠质量。性格开朗的人身边总是朋友成群，因为他们不会有烦恼，他们的快乐可感染别人，给他身边的人带来好心情。良好的社交会给人带来美好的生活、温和的性格，以及宝贵的身心健康。

上进心也会让人长寿。当一个人在上进心的促使下不断进步时，他需要不断地充实自己，他的知识会更加渊博，这种充实让他显得更加年轻。如果一个人不具备上进心，停止了进步，不再为理想奋斗，对生活失去渴望，那么衰老就会很快光临他了。

堕落和停滞不前是年轻的大敌。只有保持年轻活跃的思想，不断更新头脑中的观念，并对这个世界时刻充满好奇心，你才可能永葆青春活力。

斯韦登伯格说："老年人应该像他年轻时那样生活着，才可以更长寿。时间在流逝，年龄的增长应该带给我们更大的动力，一个人的年龄越大，就会越坚强、勇敢，越能得到别人的尊敬。"

年龄的成熟会让人变得更加迷人、更加强大，随着阅历的增长和时间的沉淀，一个人的眼界也在不断扩大，能力也在不断增长，让他的一生充满智慧。

成熟不等同于凋零，它们是完全不同的两个概念。成熟的人安详、美丽、智慧、从容，他的年龄增长只是一个让生命更加完美的过程，这样的过程所结出的生命之果，比年轻时要甜美、饱满得多。

毋庸置疑，生命中最后的日子是一生中最美的时光。

总之，我们决定着自己的生活，过什么样的生活靠我们自己把握。明白了这一点，我们就能避免时间流逝所带来的伤害。

让生命重生

今天，没有人能为“生命”的开始和结束设定界线。即使在晶体的构造中，我们也能看到明确有序的工作流程。某些分解总会形成一种特殊的没有变异的结晶。在矿物与植物中发挥作用的这些生命实体，并非不可能在我们所谓的“动物”世界里一样发挥作用。由此我们应该已经对化学家们的实验室，以及他们的交流体系多少有几分认识了。那么，他们的产品究竟如何呢？这是一个很现实的时代，甚至可以说是一个商业至上的时代。一旦化学家们生产出的产品不具备任何价值，无法产生经济效益，那就等于做了无用功。

摸得到、闻得着的世界，比那些支离破碎、抽象不堪的人生，对人类更具有吸引力。后者充其量不过是白纸黑字，浮现在通过学习、迫使大脑获取智慧的火花之中。投身生活、注重生活的人，比只会在书本上寻求生活的人更有智慧。生活就是与人交流；就是享受快乐和品味痛苦；就是珍惜生命，爱憎分明。

无何止的读书只是一种虚假的、借贷的生活；只是大脑的机能通过他人的思想、感觉来获取好处。

论及两种生活方式之间的差别，仿佛亲自吃上一种美食，和听人家介绍在什么时候、用什么方法吃了美食是迥然不同的。尽管人家可以淋漓尽致地描述，将吃的经历讲得有声有色，听者可以据此加以理解和想象，但毕竟没有实际的体会。

有个人有这样一个习惯，睡前必定要从书房带一本书，但是躺在床上之后他几乎从来也没看过两页以上就睡着了，有的时候对于放在枕边的书他连看都不看。既然如此，似乎就没有特地把书放在枕边的必要了，但他依然这样。不管妻子怎样嘲笑他，他总要把并不阅读的书拿到床头。有时候他竟会贪心地换来三四本，甚至包括又重又厚的大辞典。

这是他的一种怪毛病，正如从前的一些文人骚客不吟诗作画就不能入睡一样。这样看来书籍对于他，并不是用来阅读的，而是一种催眠的工具，是一种用铅字排成的催眠剂。

人的癖好很多，读书是其中之一。我并不提倡以读书来代替生活的实践，一生扎进书堆里无非是一个书呆子而已。我热爱并尊重知识，一如我热爱和尊重拥有知识的人一样，但讨厌有人傲慢地将自己的能力与价值一味和读书的多少绑在一起，厌恶只会理论而对实践半点不懂的人；我热爱并尊重知识，但我更相信“读万卷书，不如行万里路”的道理。

在赤道地区，一位小学老师努力地给孩子们说明“雪”的形态，但不管怎么解释孩子们也不能明白。

老师说：“雪是一种纯白的东西。”

孩子们就猜测：“雪像盐一样吗？”

老师回答说：“不是，雪是冷的东西。”

孩子们就猜测：“雪像冰淇淋一样吗？”

老师回答说：“也不是，雪是粉末状的东西。”

孩子们就猜测：“雪像沙子一样。”

老师最后也不知道该如何解释了。

最后几个孩子这样回答："雪是又冷又咸的沙子。"

其实我们要知道真正的雪只有自己看过了才知道，同样我们要听黄莺的歌声就要坐到有黄莺的树下，要闻夜来香的香气只有夜晚走到有花的庭院去，只有参与人生的实践才会懂得许多道理。比如，那些嘴里说着仁义道德的人，不一定能焕发人格的馨香；那些写出最热烈、最优美的情书的，不一定是最爱我们的人；那些陪我们喝酒吃肉、搭肩拍胸的，不一定是真朋友；那些签约的字据，也有抛弃与撕毁的时候；要想真正了解，只有亲身经历。

总是脱离生活却能具有丰富想象力和洞察力的人寥寥无几，其结果就是渐渐脱离实际，养成闭门造车、钻牛角尖的怪癖性格，失去了和人类的联系。因此，我害怕书本上已有的论断束缚住自己的手脚，害怕死读书丧失了对生活的感觉，害怕因为书本的缘故而扼杀一切自己的生机与活力。当我一连数日独守书斋而懒于外出时，我就会提醒自己出去走走，别成了书呆子。知识是否把你都弄得干枯了，使你看不见生活的美好？把那些书本理论从脑子里丢掉一会儿吧，简简单单、快快乐乐的，投入真正的生活的感觉是很美好的。你会清晰地感觉到自己在享受生命的光辉，也获得了广阔的人生视野。别沉浸在书斋里和昏黄的灯光之间了，书本所散发的信息让我们感到生命的气息在逐渐削减。

存在的意义

生命永远是运动的，不是静止不前的。很多物种消失了，它们所犯下的不可饶恕的错误，便是原地不动、停滞不前。不要停滞，要坚持学习、成长和发展，从这一刻起，开始拼搏和努力吧，开始与困难作斗争吧，开始为理想而奋斗吧。你的资源的丰富程度与所有的成功者相比，不差分毫。你只有拿出诚意，与大自然和谐相处、通力合作，才能在大自然中得到想要的一切。

“生命规律”教会鸟类如何保持平衡、飞翔，如何盘旋和俯冲；“生命规律”帮助某些动物长出了壳或毒刺来满足某些生存的需要；“生命规律”还让小蜘蛛从大蜘蛛的背上诞生。

一个强大到可以教会低等生物做出如此变化的“生命规律”，如果用它来帮助有思想、有感情、会思考、能与它合作的人，又会产生什么样的巨大效果呢？效果其实都可以从我们自身得到验证。比如做些辛苦的体力活，开始的时候手会变得柔软、出水泡、满是伤痕，坚持一段手上的皮肤会脱落，长出厚实的老茧，它能抵抗皮肤再次受到伤害。再比如，当我们参加体育锻炼的时候，起初肌肉还比较弱，锻炼之后腰酸背痛，但是坚持一段时间之后，“生命规律”便在不知不觉中让肌肉变得强壮和结实起来，以满足难度更大的锻炼。纵观日常生活，你会发现“生命规律”永远处于待命状态。将它带到身边，与它一同工作，你会发现自己变得很强大。但是，“生命规律”只有在你有困难需要克服的时候才会起作用。当无事可做，一切都很顺利的时候，“生命规律”会处于待命状态。只有当你需要它，急切地召唤它的时候，它才会和你一起努力。

从这方面来说它和“幸运”还是有差别的，好运是变幻无常的，通常会在你最不需要的时候降临。但是当你把最后一个铜板都赌在了牌场上，就如同在急速奔驰的汽车或是马匹上一样，当你离毁灭只有一步之遥的时候，“幸运”百分之一千地会弃你而去！但“生命规律”却恰恰相反，只要事情还进行得顺利，只要生活还在继续，“生命规律”就会隐居起来，因为它知道你的大事小情都很顺利，你能将自己照看好。一旦事情开始出现了不好的苗头，一旦毁灭和耻辱开始盯上你，“生命规律”就开始起作用了，就到了它施展身手的时候了。

自己决定自己的生命年龄

当一个人不再期望更好的东西时，当他觉得他已经做得最好了的时候，可以说他的心已经死了。但是心死还能活过来，决定权在他自己手中。只要他对生活还有兴趣，只要他还自信，以后自己能取得比今天更伟大的成就，那么他就会重新活过来。

而“死”过一次的人，仍然会有很大的成就。别总说自己老了什么都干不了了，这个问题早就被研究过了，你要想学习，什么时候开始都不晚。如果说太忙还差不多，太懒经常是这样，如果是喜欢酗酒，那么你就学不了。

实验证明，一组年龄在20~24岁和一组年龄在35~50岁之间的两组人，他们同时学一门非常难学的外语，年长的要比年轻的那组学的快得多。尽管大家都认为人在12~15岁时学东西最快，可实验证明成年人在很多方面都比孩子们更快。

哥伦比亚大学的桑迪肯教授说，50岁以下的人不应该对自己想学的东西没有自信心，不要害怕自己年纪太大。想学习任何时候都不算老，更多的情况下是没有机会，却不是没有学好的能力。而且就算是年老了，学习的能力会下降一点，那也不能成为不想学和不自信的理由。

卡图80岁开始学习希腊语，汤姆·斯科特86岁开始学习希来伯语，格莱斯顿第四次当上英国总理时已经80岁了，普罗塔卡学习拉丁语时也已经80岁了，96岁的堤彻画了他的杰作，迈克尔·安吉诺89岁时依然忙碌，一位97岁的船长还在做生意，凯罗尔在103岁的时候又使自己多了一个科学家的头衔。

在纽约居住现在已经93岁的凯瑟琳·斯图尔特太太，是从75岁时开始学画画的，现如今在绘画方面取得了巨大的成就。据美联社报道，在君士坦丁堡的奥诺·昂格利已经150岁了，他想找一份搬运工的活，可那对于他来说实在是太重了，因此市长特许其做市政府的门卫。绰森一生中都在不断地给自己找兴趣。他说："我发现生活中有许多有趣的事，尽管我已经93岁了，但我每天都还能够找到我感兴趣的事，我每天早上都要给自己列个清单。我每天都要问自己，绰森，今天你发现了什么新的有趣的事？这事的意义又在哪里呢？又有什么坏的影响呢？因此我都能够保持乐观的情绪。"

有许多人才45岁或50岁，他们就好像不再对什么事情充满激情了，这倒不是因为他们没有接受新事物的能力，主要是他们不愿意改变那些墨守成规的东西。那些老掉牙的东西已经在他们的心里深深地烙上了印记，如果要想改变就得彻底抛弃那些旧的、固定的生活方式，他们可不愿意或者是懒得去学那些新的东西。

已经70岁的老人想在纽约找份新的工作，其实他本不想出来工作，因为年龄实在太大了。现在他不但工作做得很好，而且人也变得开朗了，好像又找到了年轻的感觉。他说对于人生的旅程来说，我认为我的人生远远没有结束，其中最有意义的应当是追求目标的过程。

人们将自己的注意力集中在什么上面，他就会得到什么，这是一个思维定势。如果他就守着那些传统而有害的习惯，当然就什么也不会改变。如果他还有希望，还想做出一番成就，那么他的愿望并不会因为人老了就不能实现。

如果你感觉到自己的记忆在减退，所有的东西都没有以前记得那么清楚，那么你就做些以前没做过的事，去做一些对你来说很有挑战性的事，将自己完全沉浸在新的工作和学习中，别再去想自己的年龄。老并不可怕，可怕的是心老。还有一点是，随着科技和医疗条件的提高，人的寿命也越来越长。寿命增加了，那么关于老的界限也应该相应地延后。所以，你还不老，你还能大有所为。

詹姆斯·维特卡·赖利写过这样一首诗，诗中有个人在那时已经70岁了，可他有一个诀窍，能多活70年。这也是现在已经40岁、50岁、60岁甚至年纪更大的人努力的方向。活了这么长时间，想必你已经找到诀窍了吧。所以从现在开始，再活上这么多年，你也一定能做到。

为什么人会死呢

迄今为止，科学家仍然没有发现什么规律限制着人的寿命。人会死的原因是成千上万的，但是在生理方面人必须死的原因可谓绝无仅有，如果人的身体自己可以定期清除多余的部分，清除有毒物质而且能够自己为自己提供营养，那么人也许永远都能活着。

人会死的原因是身体这个机器，即使是一只小鸡也比一系列的细胞要复杂得多，可也正是它的复杂性决定了它的命运。一部分细胞受了伤，另一部分就负担了受伤者的任务。然而它们若是带有有毒血液的话，就会对身体产生极大的伤害。所有的迹象都证明即使是人由于年纪大而死掉，身体里也只有很少的细胞萎缩和消逝。可是其他的细胞在很长的时间里却是好的，总之科学证明我们的身体是由潜在、永生的细胞组成的。

如果一系列或是一些细胞使身体整个机器过早的坏了，那就是细胞组织出错了，那么应该如何改进细胞组织呢？

如果身体里每个细胞组织是个工厂，每个细胞是个工人，每群细胞都有一定的职责，那我们应该怎么办呢？我们会首先找领头的，我们不能吗？我们会问这领头的细胞为什么要让一组或两组细胞不能工作呢？我们还要把那些衰退的细胞放入落伍的行列里，坚持让那些仍然还良好的组织工作，还要对它们给予特殊的关照。并没有理论证明，我们的身体不能这么做。

朗德·克莱夫在印度执行任务，作为上尉的他奉命带着一小队人马守卫在一个叫阿科特的小镇。突然敌人以多他20倍的兵力向他发动袭击，而且将这个小镇团团围住。

这座小镇的护卫外墙年久失修，根本经不起对方的大炮。所有的护卫墙在敌人的炮弹落下时都被夷为平地，但是一旦夜幕降临，克莱夫的这些不屈不挠的士兵就会清理所有的碎片，然后再筑起一堵新墙。

就这样，他们被敌人包围了50天。这一天他们遭到了敌人的猛烈轰击，可敌人遇到的却是一堵比一堵更加牢固的城墙，结果敌人在被一次又一次地打退之后，无奈地撤走了。

你的身体也是这样，每天都会死掉成千上万的细胞，这样人身体的防御能力就会受到影响。每到晚上，我们身体细胞的领导者像克莱夫这种类型的人，带着细胞清理“垃圾”，为你筑起一堵更新和更加坚固的护卫墙。即便是疾病怒气冲冲地对你发动大规模袭击，只要你每天都能清理已经坏了的“墙”，每天脸上都挂着自信的笑容，那么疾病就会知难而退。

医生们也认为年老是因为人体没能够做到淘汰和清除坏死的组织，结果是废物堵塞，新细胞不能马上替换掉坏死的组织，因此病人会一天天变得虚弱，并最终慢慢死去。

是什么原因呢？不是年龄而是态度。如果一个人活到四十岁、五十岁，或者是六十岁，他认为他已经过了人生的黄金阶段，因此就开始灰心丧气和悲观绝望，慢慢地不再对未来抱有希望，而且真的就等死了。在等死的时候，整天为失去的青春和人生的遗憾而感慨。

不再对未来抱有希望，那么他就对他所做的工作没有了价值，对他周围所有的人都没有了价值。他的生命不再有激情，他的生活和大脑也就处在了懒散的状态。这时给予你生命的细胞缺乏动机和鼓励，也就失去了拼搏努力的动力。人们认为这个时候一个人才算是死了，其实他早就死了，当他不再对未来抱有希望的时候，就已经“死”了，不过那时候是“精神”死亡。

自己的生命自己掌握

很多人都会有这样一个错误的观念：自己和健康、幸福无缘，对自己来说那是遥不可及的梦想。一旦抱有这种思想，我们就很容易生病，健康的生活也会变成虚无缥缈的海市蜃楼。我们人的身体是由亿万细胞构成的，它们紧密相连，互相影响。任何堕落的思想、消极的情绪都会很快地影响我们的健康状况。

我们的生活是一个整体，像虚弱、疾病等这些破坏我们生命和谐与完美的东西，都应当被摒弃在正常的生活之外。

新思想有神奇的作用，它能使我们的身体产生新的细胞。陈旧、焦虑的思想，只会使体内产生老化的细胞。

也许你认为非洲黑奴的生活已经很苦了，但是更为让人惊奇的是，我们生活中却有很多人承受着比他们更苦的心理奴役，这些人极易因为一些细小的事情就忧心忡忡，哪怕只是一股冷空气，一点小雨丝。

“随性而至”这个美好的字眼与他们无缘，这些人做事之前，比如说去旅行、写书、唱歌或者辩护时，他们总得先问问自己的身体。若他的身体说“不”，无论那个目标有多重要，他都会放弃，直到他觉得身体完全无恙为止。因为身体上的一点小毛病就停下前进的步伐，这种行为简直就是一种耻辱。

拥有健康的思想，是通向幸福和财富的康庄大道的保证。很多人都不明白，他们的疾病是错误的思想和消极的情绪造成的，对别人心怀恶意或者是心存报复，都有可能让您生出疾病。如果要想远离疾病，只需要集中精力向往和谐、健康、真实和美丽等这些美好的东西。

既然我们明白思想态度可以决定自己的身体状况，那我们就更应该懂得调整自己的心理状态，有意识地培养良好的性格。不管是好的思想和情绪还是坏的思想和情绪，都会在我们的身体和行为上留下相应的痕迹，假如我们脑子里装满了神圣无瑕的东西，那么我们就会表现得纯粹、崇高。

一个人的外表就像一个公告栏，上面张贴着他多年来留在头脑中的思想。不管是贪婪报复还是自私嫉妒或者是纯粹高尚，这个公告栏都会如实记录下来。也许他以为有些卑鄙的想法只有自己才知道，可他不知道他的外表早已将这些秘密泄露出来了。

世人都喜欢掩饰真实的自己，可是一个人的真性情却总会在不经意间流露出来，所以，最好不要妄图掩饰真实的自己。俗话说，相由心生，我们心里的想法会在脸上或者下意识的小动作上如实地显现出来。假如我们心怀嫉妒和报复的情绪，我们反而会为它们所伤，最后，这种伤害和悲哀会在我们的脸上留下痕迹。

我们在建立商业伙伴关系的时候，会用尽一切办法使它长远而坚固，我们也应当用这样的心态经营我们的身体健康。我们的心理状态和身体状况是紧密相连的，让我们的思想充满和谐美好，让我们的内心充满爱和善意，我们的身体就会越来越协调。

身体上出现一些小毛病是很正常的事情，只要我们用正常的积极的心态去面对，这根本就不是问题，但是如果你用不正常的心态去面对，这些问题就会越来越严重。

试想着自己的身体已经处于最完美的状态，它充满了活力，可以承受任何的压力；停止想那些身体上的缺陷，这些思想只会腐蚀你的健康，消耗你的生命。快乐、上进的思想能以闪电般的速度传递到身体的每一个细胞，即使是距离最远的细胞。而那些憎恨、嫉妒和自私的思想，同样会将毒素渗透到每一个细胞。

科学家研究发现，消极的心理或者是激烈的情绪会在头脑中发生化学反应，产生一种类似于毒素的东西，使我们身体的每一个细胞都受到侵害。身体的所有器官的细胞其实都是脑细胞的延伸，只要脑细胞一受到影响，就会波及到全身的细胞。所以，当大脑处于不和谐的状态时，身体的其他器官也会出问题，智力和才能就无法发挥到最佳水平。

在许多人看来，只有脑细胞才有思想，可研究证明，身体的任何细胞都是有思想的。将一个人的大脑切除一部分，他的智力水平也不会下降，这就是很好的证明。如果将身体和思想强制分离，受危害的只能是自己。我们身体的每个细胞都充满了力量和智慧，蕴藏着健康、和谐、美丽、真实和爱等正能量，这些积极的东西组合在一起，才构成了我们全部的能量。

不同的心理会让不同的身体器官产生反应。怒火中烧、暴跳如雷、自私、嫉妒等不良情绪会对我们的肝脏功能造成极为不利的影响；长期而极端的嫉妒会使心脏出现严重问题；猜疑会伤害我们的心脏和脾；其他不协调的心理，比如担忧、焦虑、害怕、生气等，都会对心脏造成危害。暴躁的情绪通常能迅速地消耗我们的细胞；强烈的情绪波动也会导致消化不良和肠胃不适。有些心脏病人，就是因为不能很好地控制自己的情绪，才突然发病而亡的。

憎恨、愤怒和忧虑会伤及我们的肾，加速肾病的恶化；严重的心理打击和暴躁的脾气常常会引发黄疸病；沮丧、失望、担心、害怕，会对肾脏和皮肤造成致命的伤害。

假如我们出现了心理偏差，我们的身体就会因为缺乏足够的营养而引发疾病。

我们的肝脏和胃，需要在十分和谐的环境下才能正常运行，心理上的一点点不和谐都会对它们产生影响。足够的营养并不是你吃得多。如果吃东西的心情十分糟糕，我们的消化系统就会遭到破坏，无法吸收足够的营养。消极的情绪会导致胃液分泌不足，食物无法被肠胃充分吸收。

暴饮暴食和缺乏规律的生活会导致体内产生毒素，但是更多的原因是我们的心理出现了问题，比如说长时间的焦虑或紧张。因此，用餐时我们应该保持愉快的心情。医学界一致认为，消化不良也是一种心理疾病，如果要想远离消化不良，那么就要时刻保持轻松、和谐、健康的心情。

医学研究发现，我们的心理状态不仅影响着消化系统，还影响着我们的血液循环。有很多人在长时间的愤怒、嫉妒和恐惧之后，会出现各种不适的症状，如手脚冰凉、心悸心慌等；有些人则因为长期的心理不协调，而出现了头昏脑胀或者持续性头疼。

暴跳如雷、怒气冲天有可能会破坏我们的神经中枢，就好比是电板短路烧掉电线一样。假如我们因为暴躁的脾气而失掉了快乐和事业，那可真是最大的悲哀。

趋利避害是人的天性，我们总是在寻求可以带来舒适和快乐的东西，远离潜在的伤害。如果我们的手被灼伤，或是被尖锐的物体刺伤，那么我们就会做出最快的反应。可是对于看不见摸不着的思想，人们为什么就不能发挥趋利避害的本能，远离那些错误的观念和情绪呢？

当我们处在不和谐的心理状态时，我们身体的免疫力就会大大下降。那些焦虑、愤怒、恐惧的情绪，总能最快地大量消耗我们的能量，甚至破坏神经系统，导致衰老过早地降临和寿命的缩短。哪怕仅仅是几分钟的怒气，也会破坏整个的人体系统，这种损伤需要花上好几个星期甚至好几个月才能弥补过来。

有很多自以为聪明的人却长期生活在自我伤害中，他们的心里充满了报复、憎恨、自私、嫉妒的思想，所以他们总是与幸福无缘，与成功失之交臂。

意外的惊喜和兴奋会使我们忘记身上的伤痛，积极的情绪可以减轻甚至消除身体的痛苦。最常见的例子就是，猎人在雨雪交加的天气里狩猎一整天，但却一无所获，这时他们双脚就像灌满了铅，根本就抬不起来。可是一旦发现猎物的踪迹，他们的饥饿和疲倦立刻就会飞得无影无踪，他们甚至会像个孩子一样手舞足蹈。

要坚信自己可以控制好心态和情绪，可以与身体上的任何疾病做抗争，这一点永远不要怀疑。

真正有害的不是你所恐惧的东西，而是恐惧本身给身体带来的伤害。如果总是陷于恐惧之中，我们将看不到生命的任何希望，失去赖以生存的东西。因为恐惧可以榨干生命的能量和活力，让我们处于崩溃的边缘。

信念是个很奇妙的东西，它会让人产生巨大的能量。坚定的信念和乐观的心理永远是病人最好的药方，它甚至比药物和医生更有效。

那些虔诚朝拜的圣教徒，常常会赤足行走千里，丝毫不顾惜身体上的伤害，因为相信神圣的朝拜过程能治愈身体上的病痛。如果他们坚信一些神水可以包治百病，那么他们就会不惜一切代价得到这些神水，即使失去自己的性命也在所不惜，从这一点可以看出，信念的力量有多么强大。

其实，那些可怜的人们都不知道，给他们带来健康的不是那些没有生命的东西，而是他们内心坚定的信念，是那些正能量在潜移默化地起着作用。

有一些长期受疾病折磨的人，往往会在得到治愈的秘诀后，迅速地恢复健康；对于那些经历失败和贫穷的人来说，成功本身就是一剂良药，成功会给他们带去希望，改善他们的身体机能。有的家庭，在经历了多年的失望、折磨和疾病之后，也许会因为一次意外之喜而发生彻底的改变。相反，意想不到的失败、财产的突然失踪或者是突如其来的伤害，也会彻底毁掉一个人的幸福和健康。

现在，心理治疗已经成为了一门真正的科学，它的作用正在显现，甚至比药物治疗体系更加有效。一直以来，人们都在寻求可以治愈疾病的药物，其实人们忽略了最好的治疗方法——心理治疗。它常常是妙手回春的万能药，能消除身体的病痛。

所以，几十年来，人们在慢慢地减少对药物的依赖，也在避免那些陈旧的诊断方法。统计显示，大城市的医生给病人开的药物在短短几年内就减少了50%。

一个记者统计过，有1500万人不再单纯依赖药物治疗了，他们宁愿选择无药物治疗。从过去几年的增长率看，这个人数将在10年内增加到5000万。

波士顿大学的琼斯教授在《美国药物杂志》中说，如果医生不采用新的治疗方法，他们将在20年后集体失业。

许多顶尖的医院已经越来越重视心理治疗了，这些医院常常有心理治疗专家进行讲座；欧洲的医学院也开始通过讲座向大家传授心理治疗的知识；以前一些极力维护传统药物治疗的杂志也为心理治疗腾出了大幅版块，以供大家讨论。

生命渴望活在当下

世界著名的越南禅学大师一行禅师在他的著作《一步一莲华》中这样写道："生命的意义只能从当下去寻找。逝者已矣，来者不可追，如果我们不追求当下，就永远探触不到生命的脉动！"

多么启人心智的话语！

如果你不懂得珍视自己当前的一切和当下的自己，无法从中获得更多的快乐，那么，即便在将来的某一天，你拥有了更多，你也不会快乐！因为快乐只存于当下，我们应该乐在当下，在每一个当下获得快乐！

台湾著名作家林清玄曾经说过："快乐地活在当下！"

关于快乐地活在当下，林先生曾经在他的文集中记录过这样一件事情：

报社的记者来访问，突然问起："林先生有什么座右铭呢？"

林先生的座右铭，通常用3M的便条纸写一些当日的注意事项，于是撕几张下来给记者看：

"出去时，别忘了买苜蓿芽。"

"欠讲义的稿件，今日写。"

"缴房屋贷款。"

"帮亮言买毛笔。"

林先生说："你看，我有这么多的座右铭。"

记者笑起来："林先生真爱开玩笑，我是说真正的座右铭。"

"什么是真正的座右铭呢？"

"就是刻在心里，时时用来规范和激励自己的一句话。"

这倒使林先生陷入困境了，因为他自己觉得并没有一个真正的座右铭，如今勉强说有，就是他时常拿来实践的一句话："快乐地活在当下。"

林先生把"活在当下"加了"快乐地"，是除了承担之外，希望有期许、有愿望、有好的心情，不只坦然和自然，还希望能扭转此时此刻的生活，使自己永葆喜悦之心。

林先生说这是他的座右铭。因此欠的稿件，要欢喜地写；缴房屋贷款，要欣然地缴；苜蓿芽和毛笔，都要高兴地去买。

林先生的桌边依然贴着许多条子，只有"快乐地活在当下"不用张贴在某个地方，因为他已经牢记于心，那正是林先生对生命的态度。

是啊，如果每个人都能如林先生一样，将快乐地活在当下视为生活的态度，那么世上便会少了多少遗憾，成就多少不得志之人啊！

过去不可得，过去的永远过去了，不管成功还是失败，都已经永远成为历史，我们不可能让历史重来！未来不知道是什么样子，我们无法掌控，我们只能活在当下，把握每一个当下，让当下过得富足、快乐！

生活中人们总是更多地将自己的思想停留在过去和未来，很少有人驻足于当下。于是，人们像走钢丝一样感觉到钢丝前后的空荡和危险，一旦掉进那"过去"和"未来"的两端，生活也将变得迷茫、混沌，变得不再充满快乐！

乐在当下，是一种全身心投入生活的最好方式，他让我们始终与自己的人生同步，不必在意过去的胆小、自卑、一无所成，也不必去担忧未来的诸多坎坷和困难，将自己的所有能量都聚集在当下的这一刻，全心全意地认真地去悦纳、品味、投入和体验当下的人、事、物，快乐地、认真地做好当下的每一件事情，没有对过往的烦忧，没有对未来不确定的恐惧，那么生命终结的时候，我们将会发现，我们的人生过得多么精彩、富足，而且充满快乐！

乐在当下，将每一个今天视作崭新的开始，用快乐的心境去迎接当下的每一个人和物！

一行禅师说得好："当我们提起正念喝茶的时候，我们就是在练习回归当下，以便活在此时此地。当我们的身心完全安住当下时，热气腾腾的茶杯便会清晰地显现在我们面前，我们知道，这是一种美妙的存在。这时我们便真正地与这杯茶沟通了。只有在这种情形下，生命才真正地显现。这正是：茶杯在手中，正念直提起，吾心与吾身，安住此时地！"

一个美国商人曾经在墨西哥海边一个小渔村的码头上，看到一个墨西哥渔夫的小船上，有好几条大黄鳍鲔鱼，显然，这是渔夫抓来的。这个美国商人对这个渔夫能抓这么高档的鱼恭维了一番，并且问要多少时间才能抓这么多。渔夫说，不一会儿功夫就抓到了。美国商人再问："那你为什么不再多抓一会儿？这样你就能抓更多的鱼。"渔夫觉得很不以为然："这些鱼已经足够我一家人生活所需啦！"美国商人又问："那么你一天剩下来的时间都在干什么，不是很无聊？"渔夫很惊讶："不会啊，我呀，每天都会睡到自然醒，然后出海抓几条鱼，回来就跟孩子们玩耍，中午就跟老婆睡个午觉，到了晚上就到村子里喝点小酒，跟朋友们玩玩吉他，唱唱歌，跳跳舞，怎么会无聊呢。我的日子过得充实又忙碌呢！”

这时，美国商人却不以为然了，并给这个渔夫出了一个主意说：“我是美国哈佛大学企管硕士，我想我可以帮你的忙！你每天应该多花一些时间去抓鱼，你就会有更多的收入了。而到时候你就会有足够的钱去买艘大一点的船，这样你自然就可以抓更多鱼，然后再买更多渔船，到最后你肯定能拥有一个渔船队。到那时候你就不必把鱼卖给鱼贩子了，而是直接卖给加工厂，这样你就能挣更多的钱去开一家罐头工厂。并且你还可以到墨西哥城，或者洛杉矶，甚至纽约，在那里扩充企业。”渔夫笑了笑问：“这又得花多少时间呢？”美国商人回答：“15年到20年。”“然后呢？”美国商人大笑着说：“然后你就可以在家享福啦！你可以搬到海边的小渔村去住，每天睡到自然醒，出海随便抓几条鱼，跟孩子们玩一玩，再跟老婆睡个午觉，黄昏时晃到村子里喝点小酒，跟朋友们玩玩吉他！”墨西哥渔夫疑惑地说：“我现在不就是这样子吗？”

多么简单却耐人寻味的一句话，“我现在不就是这样子吗？”其实，只要我们懂得享受生活的乐趣，把握住当下的每一个时刻，我们就是快乐的。

一行禅师曾经说过：“佛陀教导我们，不应当追念过去，因为过去已不复存在。若迷失于对过去的思忆当中，我们就失去了现在。生命只存在于当下。失去了当下就是失去了生命。我们必须告别过去，以便我们可以回归当下。回归当下就是同生命相接。”

我们的人生就是一本精彩的小说，里面写满了多彩的故事。生活中的小说，遇到不合胃口的片段，我们可以跳过，我们甚至可以先去看一下小说的结尾是如何的！但是人生这本小说，我们却只能按照顺序一页一页来读。我们也只有把握当下的每一个时刻，才能更好地享受我们的整个人生！

乐在当下就是快乐地享受当下的每一刻。

一个人问佛祖释迦牟尼："您常常教我们活在当下，那究竟怎么做才算活在当下呢？"

佛祖说："吃饭就是吃饭，睡觉就是睡觉。如此而已。"

看似最简单不过的话语中却蕴含了深刻的道理！试问，世上有几人能够做到吃饭就是吃饭，睡觉就是睡觉呢？

很多人在利害得失中穿梭，囿于浮华的宠辱，吃饭的时候还不专心，总是想着别的事情，全然淡化了饭菜的美味；睡觉的时候也总是做梦，睡不安稳，白天发生的很多不愉快的让自己无法释怀的事在梦里还不断侵扰着自己的思绪……

做一个乐在当下的人吧，要抛开一切的羁绊与烦恼，让过去属于过去，让未来就在未来，我们要做的就是活在当下，用心感受当下，专注于当下的每一刻，这样我们才能找到人生的真谛！

有这样一个人，38岁，正当人生的美好光景，前一天还和一帮朋友吃饭，侃侃而谈，显得活力四射！第二天早上却忽然昏迷不醒！幸亏他的妻子及时发现，送到医院抢救，结果，医院检查发现，他的脑部有一颗瘤。医生及时进行手术，将瘤取出，将他从死亡边缘拉回。

过后，主治医生也心情激动，"太危险了！再晚一点真恐怕性命难保！"

康复回家以后，这个人好像变了一个人，他不再忙忙碌碌，将自己整个生活安排得满满当当，不再成天担心他的公司会无法继续发展下去，不再将名利看得那么重要……他每天从容平静地生活，健健身，听听音乐，假日的时候和家人度度假……他的生活和工作有条不紊，在每一件事情上都获得了快乐！他的公司也并未像他之前所担心的那样如果不怎样就会赔钱、破产！相反，发展得很好！

现实中很多人唯有在死亡线上挣扎过一次才明白活在当下，乐在当下的重要！否则他们每天总是杞人忧天地一遍又一遍设计自己的未来，要不就沉浸在过去的痛苦中，或是挣扎在与他人的对立中，无法真正抽身而出享受当下的每一刻！为什么非要如此才能彻悟呢？当你看到这本书，看到这个故事的时候，希望会有所改变！

生命无常！生命中任何事情，只会在当下的那一刻发生一次，绝不会有相同的第二次。把握每一个当下才是最重要的！把握好当下的人和事，人生才不会留有遗憾，才会过得快乐而富足！

《沉思录》中有这样一段话，“虽然你打算活3000年，活数万年，但还是要记住，任何人失去的不是什么别的生活，而只是他现在所过的生活；任何人所过的也不是什么别的生活，而只是他现在失去的生活。最长和最短的生命就如此成为同一。”

当下，是让你深深潜入生命之水，开启自己潜力的翅膀飞翔的大好时机，是让你把握当下每个人、每一件事情的最好机会，当下才是最真实的！每个人都应该活在当下，而且快乐地活在当下！

过好生命中的每一天

今天是我们人生中最重要的一天，也是我们唯一可以把握的一天，唯有在今天，我们才能完成我们的梦想；唯有在今天，我们才能超越自己。

生命的意义就是过好每一个今天。昨天已经过去，不管昨天多么美好、多么辉煌，也不管昨天多么令人沮丧或是卑微，都已经在你的人生旅程中成为过去式，我们没有必要活在昨天的或悲或喜的情绪中而无法自拔！这样只会打乱自己今天的生活，为自己徒增烦恼！

曹操有诗云："对酒当歌，人生几何？譬如朝露，去日苦多！"人这一辈子是短暂而珍贵的，就像早晨的露水一样稍纵即逝，谁知道还有多少这样的时光呢？我们应该趁着这样的大好青春，在有限的生命之年，干一番轰轰烈烈的事业，不要辜负了这可贵的光阴！

简单地说，人这一辈子就是围绕三天在过："昨天、今天、明天"，昨天是历史，已经无法改变；明天变化莫测；唯有今天，才是最实在的！

林清玄在《前世与今天》中曾经说："昨天的我是今天的我的前世，明天的我就是今天的我的来生。我们的前世已经来不及参加了，让他去吧！我们希望有什么样的来生，就把握今天吧！"

今天是昨天和明天的连接。生活中，很多人不懂得珍惜今天，总是将事情拖到明天。然而，“明日复明日，明日何其多？”对每一个今天的浪费，造成的是一个人一生的遗憾！

有一个衣衫褴褛的流浪汉在街头漂泊，他幸运地遇到了时光老人。于是，他便向时光老人哭诉着说：“我小的时候痴迷玻璃球，青年的时候痴迷纸牌，老年了又对麻将痴迷……到如今我把所有的家产家业都输光了。我后悔极了！”时光老人听了，试探性地问道：“哦？是吗？假如我能够再给你一次青春……”流浪汉听了，“扑通”一声跪了下来，哀求道：“如果您能再给我一次青春，我发誓，我一定不会像以前那样荒废青春，我一定好好做人！”时光老人点点头，同意了。于是，流浪汉从一个老年人变成了一个背着书包的小学生。去上学的路上，他看见前面有一群小伙伴们在玩玻璃球，终于忍耐不住，他也走进人群，加入到了他们的游戏中……于是，又是一次青春和每一个今天荒废的反复。老年的时候，他终于又变得一无所有，照旧成为了一名流浪汉，流落在街头，又遇到了时光老人，他再次请求时光老人能够再给他一次青春。时光老人听了，不禁冷笑道：“给你再多次的青春，你也不会珍惜今天的。有什么意义呢？”说毕，扬长而去。

时间是由每一个今天组成的，唯有珍惜每一个今天，不虚度，不浪费，我们的人生才能过得充实而有意义。

《圣经》上说：“要忘记背后，努力向前，朝着标杆直跑。”耶稣又告诫人们，“不要为明天忧虑，因为明天自有明天的忧虑，一天的难处一天当就够了。”

凯瑟琳·曼斯菲尔德是一个积极乐观、勇往直前的人，即使是在悲剧降临的时候，她也决不怨天尤人，仍然乐观地去迎接挑战。

她写了许多具有俄罗斯风格的神话佳作，有些作品仍在广为传颂。其中有篇文章叫《疾风知劲草》，读完之后，我的心中充满了一种奇特而狂热的渴望。

有些人最喜欢她的语言，读后让人感到时而美不胜收，时而哀婉凄楚，时而又意气风发。她告诉我们在生活中遇到大的挫折时，如何仍然笃信最美妙的事情就要来临。

她提出了这样一个问题——生命的意义是什么？回答是，当然为了生活。那么什么时候开始生活呢？现在就开始生活，还是永远也等不到生活！我们浪费时间去为生活做准备，这毫无意义。生命也许在我们没有任何思想准备的情况下便突然终结。

但是，首先我们必须提问并回答这样一个问题：我们生活的理想模式是什么样子？一旦我们做出决定，我们就必须为这个选择而尽心尽力，自由自在，高高兴兴地生活。“人们为什么不活得更自由，眼光放得更远些呢？他们有时候会像井底之蛙一样沾沾自喜。其实，他们本应该早就过上比现在好得多的生活。但是，他们却更喜欢这种束之高阁的生活，它享受不到阳光的普照和劲风的疾吹。”

她说：“哦，我希望过一种愉快的生活！有一种舒适愉悦的充实感觉。如果生活中缺少了这东西，那就不能称作生活。但是，生活就是这样！我们有上天翱翔的翅膀，我们不应该将其藏在身子底下。我最喜欢的就是勇往直前、锐意进取和自信十足。”

她的生活简约辉煌，充满了力量、激情和愉悦；我扫了她一眼，看到的是她那充满想象力和充满欢愉的面庞。

她不会推迟享受生活，她知道自己身患绝症，剩下的时间不多了。其实，留给我们的时间也不多了，但是我们会经常浪费埋单，似乎过了今天还有明天、后天……

我们为什么不开心地去享受生活呢？无论我们从哪天开始，如果今天的生活一无所获，我们还会指望明天就出现奇迹吗？

记住，我们是生活在今天的，不要让昨天和明天将今天侵占和淹没，失去了今天，你将会一无所成！因为我们的全部价值和理想都是在今天实现的。

当然，昨天是无法掩盖，也无法消灭的，无论你的昨天多么辉煌，或是多么让人感到屈辱；明天也无法逃避，不论明天会发生什么。但昨天已成历史，已然成回忆，如果变成一味的炫耀或抱怨，生命也将自此停止不前了；明天应该是梦想，是期盼，如果变成了一味的忧虑，今天就被明天侵占了！那今天呢？你在今天能做的事情，已然没有了停留的空隙和空间！

简单说来，人的一生只有三天——昨天，今天，明天，我们应该如何来度过自己的这三天呢？请记住，昨天是上帝教给我们成长的课程，明天是上帝对我们的许诺；而今天是实实在在的上帝给我们的恩典，珍惜每一个今天，才能造就一个别样的人生！

将昨天成功的经验或是失败的教训吸收在心间，将明天的期盼和梦想亦放在心里，那么今天就是一份美好的时光，不再犯昨天的错误，不会心中空空，没有奋斗的目标，今天是充实的、完满的一天，是昨天和明天最完美的连接点！

第八章
生命的内在力量

没有比生命更宝贵的东西，生命想像不到的短暂。

——（法）杜伽尔

积蓄内在的力量

我们都准备接受这样一种理念，那就是，在这个世界上，有一种神圣的力量，比事实、命运和邪恶的力量更强大。

但是，却很少有人意识到，当我们希望使用这种力量时，这种力量就在我们的眼前，在我们的内心之中。然而，许多像我们一样普通的人因为认识并且运用了这一理论而改变了自己的命运。

飞机终于落地，我的心也跟着这架飞机一起落地了！

法院已经宣布破产，接下来就是等待破产清算程序。经历了无数个日日夜夜的抗争和挣扎之后，最终的一切还是都归于零了！

辞职创业前，我曾经有过很多的梦想和宏伟的计划，但是当自己真正迈出这一步的时候，却发现自己并没有想象中的那么坚强和勇敢，几乎所有的事情都是在脱轨运行，完全不是自己预想的那样，大部分的时候都是在被事情推着走，疲惫和无助的情绪经常围绕在我的身边。为了公司的生存，我几乎放弃了之前所有的兴趣爱好，改变了习惯，朋友们都说我不再是以前的我了，但我没有后悔，因为我知道，要想成就一番事业，就必须要做出很大的牺牲，没想到最终却是这样的结果……

一切都在突然之间停了下来，而我也只能跟着停下来，因为我实在不知道自己接下来要做什么，虽然嘴上已经承认了自己的失败，但是潜意识好像还没有接受这个现实，创业的很多事情会突然冒出来，甚至做梦的时候都像在打仗一样。

于是我开始了所有失败者都会做的一件事情——散心！旅游、爬山、游泳、聚会等一切能疏散身心的事情，我都去做！虽然心情有所缓和，但心里总觉得还是有什么东西堵塞似的，或许是那些缠身的债务，或许是因为梦想的破碎。

在一次朋友聚会中，我遇到一个我以前不认识的人，后来才知道她是个心灵大师，是一名心灵畅销书的作家，也是一名培训师。朋友跟我说，让我跟她好好聊聊，对我会有帮助。我有点不以为然，我是学理科出身的，一向信奉严密的逻辑推理，对于心灵治疗这类的行业，多少认为有那么点旁门左道的嫌疑，或者跟宗教多少有点瓜葛。礼貌地聊了几句，互相留下了联系方式，她告诉我明天她有一堂课，有时间的话可以去听一下。出于礼貌，我随口答应了，其实我本无事可做。

第二天，到了听课的地方才知道，这并不是我想象中的公开课，形式有点像私人聚会，一共不到20人，与其说是讲课，不如说是在一起探讨。在几个人发过言之后，我察觉到来这里的人都是正在经历着某些困难，要么是自己的公司无法摆脱困境，要么是自己现在的工作压力很大，总之，每个人的身上都好像压着一座山一样，没有丝毫的快乐而言。其实这并没有什么好奇怪的，现在的社会本来就是如此，有点压力太正常了，没有压力才让人奇怪呢！但是让我感到奇怪的是他们为什么会来听这样的一堂课，难道一堂关于心灵的课程就让他们身上的问题消失了吗？困难是实实在在的，解决困难的唯一办法就是关注困难本身，利用一切可以利用的资源把困难消灭掉，这是我一直信奉的，至于心灵慰藉、内心强大之类的话，太飘渺了，最多也就是隔靴搔痒。

想到这里，我有点不愿待下去了，但是人很少，我也不好突然离去。可想而知，我的思绪已然飘远，只是在朦胧中听到诸如“找到自己的天职”、“努力地活在当下”、“觉察自我”的话语，这些并没有引起我的注意。快要结束的时候，我感觉到她的眼睛在看着我，然后说了一句话，“其实我们每个人的内心都有着强大的力量，只是很多人并不了解自己的这种能力，因为他们很少观察自我，总是将自己的目光看向外在，从而使得成长过程的某些事情阻碍了我们心灵的畅通，让我们看不到真正的内在的自己，比如失败……”当她说到“失败”这个词的时候，我的心里忽然颤抖了一下，哦，这个词对我来说确实比较敏感，因为这就是现在的我——一个失败者！

围绕着“失败”这个词，当天晚上，我怎么都睡不着，我这么努力，怎么会失败呢？然而，这却是不争的事实。失败已经过去，但我却没有从失败的阴影中走出来。难道真的是我的心理出了问题？难道我不是一个内心强大的人？以前，这些东西都不在我的思考范畴内，今天我是怎么了？或许就是因为“失败”。

心里有了这个结论之后就一直没有放下，于是我决定去找心灵大师聊一聊，看看心灵大师能为我提供什么样的帮助，以此激发我内心的力量！

下面是我们见面时的一段对话：

“我不太相信所谓心灵方面的理论。”

“为什么？”

“我是一个地地道道的唯物主义者，不相信什么神奇的力量，或是宗教之类的东西。我只相信严密的逻辑推理，如果没有逻辑关系的存在，我是不会接受的。”

“我们的内心世界是真实的存在，这也是虚构的吗？”

“这个没错，但是内心的反应和你的结论之间有什么必然的逻辑关系吗？”

“我对科学的世界也是认同的，但是并不是所有的事情我们都可以用逻辑来解释，举个例子，男女之间的情爱，能用方程式表达吗？”

“这个自然不能，但是这也不能表示你的结论就是正确的！”

“其实我所做的事情并不是给人下一个结论，而是引导个体去探索自己的内心世界，找到那个真正的自我，就算有一些结论的话，那也不是我自己杜撰出来的，而是经过很多人的观察，实验，总结出来的。这样吧，我们不要做出判断，我们先来做一件事情，体会一下，然后再讨论。”

“好的。”

“你对自己好吗？”

“当然，我旅游、爬山、聚会……所有可以让人开心的事情我都做了，这还不叫对自己好吗？”

“那么，在你看来，你是爱自己的！”

“爱自己？！嗯。”（虽然听得有点不习惯，还是认同了。）

“那你快乐吗？”

“不！不知道为什么。”（心灵大师在我的眼睛上停留几秒后）

“你是不是在事业上有些不如意的地方？”

“嗯，创业失败了！”（神色黯淡）

“既然你口头上已经承认自己失败了，为什么你的内心却不接受这样一个事实呢？”

“我的内心没有接受？”

“如果你已经接受的话，为什么不能重新开始呢？”

……

我的大脑飞快地运转着，对啊，为什么我不能重新开始呢？（我似乎在自言自语）我在困扰什么呢？我被什么给绊住了手脚？这就是我的内心世界吗？审视自己，检查自己，找出问题——想到这儿的时候，内心忽而升腾起希望。

心灵大师继续说：“很长一段时间内你一直困扰在自己的创业失败中，没有走出来！你无法接受自己失败的事实。”（看了看我）

我：“嗯，或许是吧。”

“你是不是把自己关注的焦点一直都放在过去的失败上？于是，由回想失败导致的负面情绪越来越多，积聚在你内心，越是这样，你越是陷入其中，无法摆脱。”

“嗯。”我若有所思地点点头。

“你的内心感受是什么样子的？”

“当然不甘心！”

“不甘心代表你想改变当前的状况。”

我用力地点点头。

“如何改变？从负面情绪中解脱出来，看清它们的本来面目，那并非真正的你自己。”

心灵大师：“问问自己：你最想要什么？”

“当然是事业的成功。”

“那你相信自己能成功吗？”

……

那天我们聊了很多，从早上10点聊到晚上8点，似乎还意犹未尽。但是那天心灵大师并没有跟我讲什么高深的理论，也没有试图说服我接受什么观点，她只是在我的心门上轻轻地敲了一下，却敲开了我的另一个世界。之前的我太执著于事情的本身，而忽略了自己的内在世界，这种感觉是无法用语言形容的，表面上的我似乎看不出什么改变，但是我知道自己正在内心深处构建一个强大的自我。

我知道，一个人内在的觉悟不是一朝一夕的事情，也不是光想一想，聊一聊就可以解决所有的困难，无论对人的身心多么有帮助的观点，都需要我们在实践中去执行，这样才会在我们的人生中发挥它的作用。

现在我的新公司又开始运转了，忙碌是不可避免的，但是却不再像之前那样晕头转向，起码心态比以前要好得多，除了工作，我也会抽一些时间来做其他的事情，完整的人格是要在工作和生活的各种实践中不断去做，不断去体会才能构筑出来的！

回头细细审视自己的人生道路，在我们或长或短的一生中，我们不可避免地会遭遇困境，陷入危机，但这同时也意味着，我们的人生将要发生转机，生命中将有新的能量涌入。这就要看你是否有足够的勇气和决心，坚持自我，激发出自己内在的力量，让自己为自己的人生负责。

只要我们把自己作为单个的个体来看待，并且排斥于神圣力量之外；只要在邪恶力量的面前，我们发现自己内心深处的这种神圣力量，并且用它来指导自己的行为，那么，那些曾经令我们恐惧、折磨我们的事情，都会消失得无影无踪。

但是，我们千万不要认为自己就是这种神圣的力量，这会助长我们的自负，把我们变成一个空虚的人，最终一定会落得失败的下场。

一旦我们沉迷于这种意识，我们就会像一只玩具气球一样，触到尖锐立即爆炸，其后果更加悲惨。

如果我们意识到自己虽然无能为力，但在我们内心之中这种神圣的力量则要强大得多，使我们可以应对恐惧。

我们的意志总是在我们的肉体之前被打败。如果我们拒绝被征服，我们就不会被征服。如果我们懂得并且坚持这一道理，生命中那些丑恶的东西就不会再困扰我们。

在一些困难的经历面前，如果我们拒绝被击垮，依靠这种神圣的力量，我们的困难和恐惧就会越变越小，最终被彻底打败。

如果我们学会了这一道理，我们不但可以忍受和超越挫折，还可以完成自己本来无法做到的事情，成为自己生命的主宰者。

活在当下

《宝积经》有云："不分别过去，不执著未来，不戏论现在。安住当下，乐住当下。"意思是说我们的生命就在当下这一时刻。在纷繁忙碌的现代社会，对芸芸众生来说，当下大部分人拥有的都是一份平常的生活，因此我们应该在这样平常生活的每一刻训练自己，让自己真正投入到生活中，真正地活在当下。

活在当下，就是说我们要把关注的焦点全部集中在当下的这些人、事、物上面，全心全意地认真地去悦纳、品味、投入和体验当下的这一切。

活在当下，就是不为过去的种种事情感到遗憾、感觉困惑，不被未来的种种事情感到焦虑、担心，也不被当前的欲望、嫉妒与愤恨等所控制和挟持，从而能够真正地把握自我。

一个人，唯有活在当下，才能让生活精彩，才能让生命呈现最完美的状态。活在过去，活在未来，都会让我们失去宝贵的当下。发生的事情已经发生了，我们如何懊悔也无法改变什么了，而未来则充满着太多的不确定性，我们更是无从把握。当然，未来的梦想需要我们去规划，去畅想，但是如果我们只是醉心于虚幻的未来，而忘记了享受现在，那么与黄粱美梦又有什么区别呢？我们能够做的，能够做好的，就是把握现在，专心地享受现在，真诚地活在当下的每分每秒！与其去懊悔“我本来可以过上更美好的生活”，“我本来可以拥有一段美好的婚姻”，“如果当时我勇敢一些，现在就不会这么落魄了”，“未来我一定要拥有豪华的房子，漂亮的车子”，还不如静下心来，想想自己当下应该如何做。因为只有当下的这一刻才是我们自己真正能够把握的！

佛学大僧圣严法师说：“‘活在当下’，并非不回忆过去，预计未来，而是专注于过程，一个过程只干好一件事情。回忆就专心回忆，展望就专心展望，念经就专心念经，劳动就专心劳动，吃饭就专心吃饭，食不语。故而僧家在种麦子、插秧之中都能悟出禅意。”

有一位善于解决人生困境的老师，身边聚集了许多慕名而来的弟子。

这些追随的弟子，每次有什么疑问来问老师，老师总是说：“要活在当下呀！”

但是，“活在当下”是多么简单的答案，无法满足弟子的要求，他们总是恳求老师给一个更深奥和更详尽的解答。

这时候，老师就会面有难色地说：“好吧！既然如此，等我查一查古代的圣贤是怎么说的，明天再告诉你，对于这么深奥的问题，他们一定有很好的答案呀！”

原来，老师有一本大书，记载了古代圣贤最重要的智能，锁在书房最高的柜子里，由于这本书是如此珍贵，他严禁任何弟子靠近。

第二天，等老师翻过那本大书，弟子就会得到一个充满智能的答案。

可是，结果有了新的问题。

老师又说：“要活在当下呀！”

弟子不满意的时候，老师会再一次翻阅大书，说出一个充满智能的解答。

这样一而再、再而三，一年一年地过去，日子久了，弟子开始对老师起了质疑："老师只懂得一句'活在当下'，这是任何人都知道的事呀！不像古圣先贤，真的充满了智能。"

一个弟子说："老师自己并没有什么智能，他只知道活在当下！"

另一个弟子说："老师的智能和我们没有什么差别，差别在于他有一册圣贤的书，如果拥有那本书，我们自己就可以当老师了。"

还有一个弟子说："这个老师真的太差劲了，我们是来自各地的菁英，谁不知道活在当下呢？这句话也轮得到他来说吗？我们想学的是古代圣贤的言论和思想呀！"

在背后议论老师久了，许多弟子都生起了这样的想法："等到老师死了，我只要抢到那本圣贤书，就可以做老师的继承人，收很多的弟子，靠为别人解决生命的困境维生。"

老师渐渐老了，终于要告别人间了，他并没有指定任何的继承人，也没有把圣贤书交给任何的弟子，他只说了一句遗言："要活在当下呀！"就咽下了最后一口气。

老师死了，弟子不但没有哀伤，反而一拥而上，冲向书房，争夺那锁在最高柜子里的圣贤之书，甚至因为抢夺太激烈，把书柜都打碎了。

他们把那本大书撕成好多残篇，才发现那本书根本是空白的，一个字也没有。

只有书的封面有老师的笔迹，写着四个大字"活在当下"。

多么发人深省的故事！老师以身说法教导学生们活在当下的道理，然而学生们并没有真正明白和理解，更不用说身体力行，因此，使得生命虚度。

人的一生是短暂的，我们要做的不是回忆过去，陶醉未来，而是应活在实实在在的当下。

那么，我们该如何活在当下呢？

第一，停下你焦急的脚步，用心体会生活的每一个细节，动用你的所有感官去体验，体验当下的场景、颜色、味道。

第二，全神贯注地投入在当下的事情上，不管你在做什么或是说什么。台湾作家晓风说过：“在历史的舞台上，美人自有她的一笑倾国，英雄也自有他的引箭穿石。他们都有各自的脚本，各自的命运；而我们却站在此刻的舞台上，在灯光打出的区域内，努力地扮演着我们的角色，小心翼翼生怕有分毫之差。我们的人生就是一场正在上演的舞台剧，容不得你重演一次，你必须在当下演好。”

美国畅销书作家芭芭拉·安吉丽思说得好：“昨日已成历史；明日还未可知，此刻是上天的赐予，所以我们称它作‘现在’。真是刹那只出现在你有意识地全神贯注于身所处、手所做和心所感的时候。而唯有全神贯注于那一时刻，你方能得到那一时刻所带来的赐予、启示或喜悦。”

生活有欢乐有忧愁，然而，只要我们全心全意地安住在当下的这一刻，那么我们所体验的就是有意义的真实的瞬间！

第三，不为过去的事情懊恼或是得意。过去的事情不管是让我们懊悔的，还是让我们风光得意的，都已经过去，都已经成为历史，一个人不应该过分地沉浸在过去，重要的是活在当下，把握现在。

第四，未来充满着很多不确定性，不用为未来担忧或是焦虑。生活中，很多人成天提心吊胆地生活着，成天胡思乱想，患得患失。“老公要是有外遇了怎么办？”“我的孩子将来考不上大学怎么办？”“哪天我要是得了重病怎么办？”所有这些忧虑、担心，真的是一点用处都没有，不仅无法解决现实的问题，更让自己失去了行动的动力。

生活中常常有这样的现象：一个得了癌症的病人问得最多的问题就是：“大夫，我还能活多久？”然而，这种担心和害怕更加重了他们的病情，令他们身心俱疲。而如果对自己的病情毫无畏惧，只专注于当下的治疗，病情常常会得到好转，甚至发生生命的奇迹！

第五，用欣赏的眼光看待生活，看待一切，你会得到欣赏的回报。

雅奈兹·德尔诺夫舍克说：“专心想一想当下活着的这一刻，在这一刻没有悲伤。回忆过去才有悲伤，而设想未来则引发恐惧。如果我们只活在当下，就不会有悲哀和恐惧的空间。重要的是活在当下，其余的都是我们加诸自己的负担。我们忘了好好活着，忘了当下的这一刻。反而去想过去的事物，盘算将来会发生什么，却让当下这一刻悄然流逝。这样我们不算真正地活着，只是在受苦，因为我们对明天保持恐惧，对过去感到自责。”

侯英华说：“生活在当下才会幸福，因为过去、未来、远处，都是不可触摸的，只有这里、此时，才是自己真正拥有和把握的。眼前的一切开始显得可爱起来，包括晴得响当当的天！”

让我们全心全意地活在当下，安住当下吧！活在当下是我们享受美好人生的唯一所在！

清理心灵的垃圾

杨芮曾这样说过：“每天的起心动念、喜怒哀乐、寝食起居都需要‘消耗’能量。人的体能如同蓄水池，一味地无节制放水就会濒临枯竭的险境。当旱情、火情爆发，你的水池就只能是个摆设。生活的良态应是温润有度、从容自律的过程，太多心事、烦事、杂事堆放心房，只会惹来更多灰尘污垢。打扫生活从打扫内心开始。”

每天我们都要清理生活中的垃圾，环卫工人会把这些垃圾分类处理，要么被重新利用，要么进行无公害处理，总之，这些垃圾都被清理了。

其实我们的心灵也是一样的，每天生活在如此丰富多彩、五光十色的世界中，不免要遇到许多让人沮丧，令人颓废的事情，时间久了，就会在我们的心灵深处埋下不良的种子，一旦让这些种子生根、发芽，就会把我们的精神世界带向消极、堕落的一面。就好比一台计算机，用的时间长了就会积累下很多的污垢，如果不及时清理，就会影响计算机的运行，甚至让整台机器罢工。所以，我们不光要保持生活环境的整洁，还要时常监视一下我们的心灵，把那些不健康、消极、颓废的垃圾及时清理掉。

佛祖释迦牟尼为了证悟而放弃了自己荣华富贵的生活，独自苦修。一天，他来到一棵菩提树下，在一块平坦的石头上，铺上吉祥草，盘坐其上，发誓说："我今若不证，无上大菩提，宁可碎此身，终不起此座。"魔王罗摩听说这个消息后，非常担心，于是派出了五个容貌绝色的女子去诱惑他，但是当这些女子到达释迦牟尼身边的时候，她们的容貌不再美丽，身体变得干枯，释迦牟尼却丝毫未动。罗摩知道后非常生气，调动千军万马来攻击释迦牟尼，但是所有的武器到达他面前的时候都化作一阵烟雨。最后罗摩亲自来规劝他放弃，释迦牟尼告诉罗摩，他已经修炼了那么久，不可能放弃，罗摩问有何为证，释迦牟尼把双手放到大地上，大地开始颤抖，罗摩消失得无影无踪。最后释迦牟尼终得解脱，化身成佛。

这个故事看起来似乎有些荒诞，我们不妨先回到现实中，每当我们要下定决心做一件事情，比如，我要努力成为一名成功人士，或者我要坚持不懈地去实现我的梦想，这些决定都是积极向上的，但是这些决定却没有让我们的生活真正得到改变，或许开始的时候我们还非常谨慎，但是时间一长，生活又恢复到原来的状态了，这是为什么呢？

其实，我们每个人心中都有自己的罗摩，还可能有很多，正是这些罗摩的存在让我们无法把精力完全集中到我们想做的事情上，在罗摩的各种手段下，我们投降了，放弃了自己的理想，放弃了自己的原则，这些罗摩都是我们心灵中的垃圾，开始的时候垃圾并不是很多，但我们却没有及时清理干净，而是任其发展，最终成为了强大的罗摩！

我们或许没有佛祖如此高的追求和境界，也没有罗摩如此强大的敌人，但是垃圾肯定是有的，比如曾经受到过的伤害，至今无法摆脱伤痛，或者某种恶习让我们难以启齿，不断地承受折磨，又或者是对金钱和权利的追求让我们无法自拔。这些都是埋藏在我们心灵深处的垃圾，如果我们不能及时把这些垃圾清理掉，那我们心灵的系统就无法正常运转，甚至存在崩溃的可能。

在北京市海淀区的看守所里关押着一名少年，曾经的他学习成绩很好，但后来由于父母离异，疏于管教，这名少年就开始接触到了学校外的很多东西，从开始上网玩游戏，到歌厅、酒吧、舞厅去鬼混，最后发展到跟社会上的不良少年在一起厮混，最终因为没有钱玩乐而走上了抢劫犯罪的道路。

游戏、歌厅、酒吧，这些对于一个还在成长发育期的少年来说都是垃圾，但是年少的他却无法深刻理解其中的危害，如果在萌芽状态能够积极地把这些垃圾清理掉的话，就不会有后来的悲剧发生。

作为成年人的我们，已经有足够的智力和经验来分辨内心中的垃圾了，但是我们有没有真正把这些垃圾清理掉呢？曾几何时，是否有羡慕过别人的豪华公寓和名车名表呢？是否嫉妒过别人的老公有钱有势，别人的老婆温柔美丽呢？是否在困难面前低下高贵的头，而自甘平庸呢？是否在所谓的成功人士面前不敢抬头讲话呢？所有的这些感受都是我们心中的垃圾，它们在阻碍我们前进的脚步，让我们迷失其中。

作为一个普通人，每个人内心或多或少都有一些垃圾存在，这并不可怕，也不是不可战胜的，只要我们现在还拥有自由之身，就能证明我们的内心并没有什么罗摩可以使我们万劫不复，现在的问题是我们该如何发现它们，并把它们请出我们的内心，让我们的心态恢复到积极、乐观、进取的状态。

我们要做的就是要经常自省，问一问自己的内心有没有什么让我们变得消极怠慢，好比去医院做身体检查一样，再怎么健康的人也要定期去医院做身体检查，因为有些问题不能等到它发作时才去解决，要尽可能地把问题消灭在萌芽状态，自省就是一个关键的步骤。

当我们发现内心存在诸如嫉妒、羡慕、焦虑、恐惧、贪婪、傲慢、自卑等一切负面情绪的时候，就可以断定垃圾的存在，嫉妒、贪婪发展到一定程度就会让我们失去理性的控制，干出傻事；自卑到一定程度就会让我们失去信心，甚至对生活失去希望。那我们又该如何去清理这些垃圾呢？

任何一种垃圾的存在都是有其原因的，我们要以平静的心态去分析这些垃圾产生的原因，当我们找到背后的原因时，就要勇敢地去面对它。

勇气和毅力是清理内心垃圾的不二法宝！

心灵和现实不一样的地方在于一个是可变的，一个是不可变的，现实中的垃圾有多少是多少，多就是多，少就是少，但是心灵的空间是无限大的，甚至比无边无际的宇宙还要大，如果你有足够的勇气和毅力，再大再多的垃圾也能轻而易举地被扫除，反之，如果你的内心不够强大，再小再少的垃圾也会成为你内心的罗摩！

人的潜力的是无穷的，鼓起勇气，拿出毅力，垃圾将不再是垃圾！

审视自我的内心

如果我说我们之中很少有人会将自己视为这个负面世界中的正面力量，我想大部分人都不会感到惊讶。然而，选择权在我们自己的手上，只要我们能洞察自己的内心，用我们的勇气和决心去走一条少有人走的路，让真正的自我去发挥天赋的才能，我们便能为自己及他人贡献一份心力。

我们身后和眼前的事，都不及我们心中的事来得重要。大部分人对于心灵的强大力量可以说是毫无认识。不了解正是这神奇的机制定义了我们的存在及我们所生存的世界。有时，我们确实能有效利用心灵去获得我们想要的东西。然而，大部分的结果是，我们所得到的，却并不是我们想要的。

我们的心灵绝大部分的动作都在意识层次之下，也就是我们所熟知的“潜意识”。这是我们真正的力量来源，这个伟大的心灵，我们称之为“宇宙的心灵”。

“宇宙的心灵”拥有无比的力量，无所不在，我们无法窥得它的全貌。它是能源，是智慧，历史赋予它各种名称——神力、泉源、荣光、万能的上帝——它被视为是永恒、无限、全能以及全知。

世界上很多宗教都将此存在称为上帝。我们给予此存在这个特殊的称呼，这并非重点所在，重要的是这代表我们确知它的存在，以及我们可以运用它的强大力量更深层地了解自己以及我们所生存的世界。

这个广大的、肉眼看不见的心灵并非就是指某个人。它并非是一个有着白胡子、穿着白袍的老巨人，在天上的某处俯瞰着芸芸众生。它是一种有生命的灵魂，与人类紧密结合在一起，是人类的一部分。它就在你我的体内存在于所有事物和生物中，没有固定的形式，但是我们可以随时感知它的存在。

无疑地，的确有更高的智慧及更大的力量存在。所有伟大的宗教都证明了这一点。人类因众多的成就而沾沾自喜，但是人类从来就没办法无中生有，即使只是一粒小沙子、一株小草或是一片树叶！然而这些东西确确实实存在于我们的世界之中，是一股比人类更强大的力量创造了这一切，或者说是一种思想。人类从未“创造”出一种思想，我们拥有思想，但我们却无法制造思想。

身为进化过程中现阶段的一种生命形式，我们有着太多的限制。我们如此脆弱、易怒、懒散，又是那样缺乏自信。然而，一旦了解如何运用此种大智慧，所有的限制便在我们的眼前消失。在宇宙中，我们的心灵是最有力的创造工具。宇宙的心灵能跨越所有的时间和空间，将思想转化成形式，包括所有已经存在或产生的知识和智慧。

我们拥有与“创造者”相同的力量和能力，我们能深思、反省、想象，也能创造。此种高层力量的发挥，让我们能发现真正的自己以及在地球上生存的目的，并在此过程中找到生命的意义、方向、成就感以及幸福。

所以，让我们在此基础上往前迈进，人类的心灵没有限制与界限，我们所要做的就是要去激励、扩张自己，如此才能发现真正的自我。

心灵是一种无以言表的喜悦，发自内心深处，因为它直接连接着自然宇宙的精神本体。

心灵没有欲望感而只有启悟感。更多的时候，心灵是以一种无须条件的方式自然来临，无论是人类在物质上的穷困或是富有，心灵本质上都与它们无关。在人类生命的世界里，心灵总是旁若无人地来到，让人类心中充满喜悦和希望的启悟。

那些获得心灵力量的人，将表现出远阔的目光和心胸，所有的事物能够装入他的内心被理解和感悟，他将拥有巨大的感知力，成为远见未来的先知。如果你一旦获得心灵力量，将意味着在物质世界之外获取了那个更大同时也无形的类物质世界的能量，于是你在物质形态的世界中也会显得与众不同，让人们惊讶你所拥有的力量。

这种力量就是人类在获得心灵之后的真正价值（对于注重现实利益的人们而言，心灵的这一价值往往显得可有可无）。从心灵价值实务的角度而言，人类通过获得心灵的力量，进一步获得现实世界中的正确生存方法。

在心灵的资产中，这些是最容易为我们所利用的力量，它们就像一块块的砖，能帮我们打造一个充满活力、充分实现自我的生活。我们能充分发挥这些力量。事实上，我们已经拥有了最强大的力量，一种能让我们成为想成为之人，成就想成就之事的力量。做自己，并成为我们能成为之人，这是生命的唯一目的。我们了解自己拥有天赋才能，只是它们都隐藏在表面之下。我们的潜能所能成就的事，远非现在所想象。

从现在开始，你要去更深入地审视自己的内心，去发现那些被隐藏的资源。一旦你开始了解自己的无穷潜力以及可成就任何事的强大能力时，便能看见自己生命中的无限可能。这将为你的生命开创出一个戏剧性的新阶段，并帮助你去经历一种仅能被称为“知觉的转换”的经验，这将改变你对自己的看法，你将不再认为一生所能做的事就只有眼前这些了。

给自己一份宁境的心境

在张其金出版的《情感心理学之心境》这本书里，他曾经这样写道：你的心境就是你生命的主人，要么你驾驭它，要么就是它驾驭你。但是，令人不可思议的是，你的心境会决定谁是真正的主人，正是由于心境不同，从而也就有了不同的心情。愉悦的心境只是一时的，我们最重要的就是保持这种愉悦，再达到宁静的状态，宁静的心境是在长期不断地解脱忧虑、驱除烦恼、平息怒气，由心理失衡到心理平衡的过程中逐渐形成的。宁静的心境可以使我们遇事能够放开视野，纵横思考，运用自如地驾驭，把握自己的情绪，不管碰到什么不愉快，尽可能从中寻出合理的一面，从而获得新的宁静。心境宁静者必定常常为受窘的人说一句解围的话，为沮丧的人说一句鼓励的话，为疑惑的人说一句提醒的话，为自卑的人说一句自豪的话，为痛苦的人说一句安慰的话。助人为乐，自寻开心就能拥有美好的心境。

每个人开始的时候并没有多大的区别，唯一不同的只是他们的心境，心境不同，导致每个人的命运不同。因此，一个人的心境往往会关系到一个人的命运，要想时刻都让自己的心境处在明亮之中，你就得让自己的心境永远处在美好之中。你千万不要事后才后悔，后悔可能又会导致抑郁的心境。如果你的心境灰暗的话，那么，你的世界也就是灰暗的；如果你的心境是明亮的，那么，你的世界也就是明亮的。

年轻时，我也曾有丰富的幻想。我要像许多人盘点财产一样，把大家一致公认的人生幸福，一一列举出来。那时我归纳世人最渴望的东西有七项：

（1）健康。

（2）爱情。

（3）美丽。

（4）才能。

（5）权力。

（6）财富。

（7）名誉。

我觉得这一发现很了不起，就特意送给一个有见识的长者看，他是我当时心目中的典范。我希望他会赏识我早熟的智慧，所以很自负地说："人类的幸福已经尽在于此了。假使一个人拥有了这些，他便快活如神仙了。"

老人经过一番沉思，用很含蓄、很安详的神态说："这个表所列举的项目很扼要，各项目的先后顺序很合理。可是，年轻的朋友啊！你却漏列了人生幸福中最重要的一项。假使缺少了这一项，人们所获得的其他种种，也都要包藏在痛苦中了。"

听了这话，我就用辛辣的口吻问他："倒要请教，那漏列的一项究竟是什么呢？"

他就拿起一支铅笔，把我所列的七个项目一笔勾销。这个当头棒喝，惊醒了我年少的美梦。于是，他慢慢地写下"宁静的心境"几个字。大多数人从来没有尝试过这种滋味。许多人等待一生，到晚年才获得宁静的心境。

在心理学上，心境是指一种比较微弱而久久存在的情绪状态。它具有弥漫的特点，往往会影响人的整个精神状态，使这段时间的所有活动都染上同样的情绪色彩。“人逢喜事精神爽”或闷闷不乐即是心境。也就是说，心境不是关于某一事物的特定的体验，而是以同样的态度体验对待一切事物。心境对学习、生活、工作、健康都有重要的意义。积极向上的、乐观的心境能使人的精力倍增，从而提高学习和工作效率，增强信心，并有益于健康。而消极的、悲观的心境则使人颓丧，降低人的学习、工作效率，使人丧失信心和希望。经常处于不良的心境中，还会有损健康。

生活中，如果你渐渐地感到自己越来越脆弱，遇到的困难、问题越来越多，毫无疑问，你肯定是走进了灰暗的心理世界之中，此时，你就在各个方面不断地寻求突破，这是非常重要的，如果你还在灰暗的心境世界里徘徊，甚至是苦苦挣扎，你的生活就会陷入一片苦海之中。更为重要的是，你的情绪还会影响到你身边的所有人。

因此，控制不良心境，培养良好的心境对每个人都是很重要的。心境产生的原因是多方面的，个人信念的好坏，对目标和理想的期望、学习工作的成败、生活的顺逆、人际关系的好坏、个人健康状况及自然环境的变化等，都可能成为引起某种心境的原因，但对人的心境起决定作用的是人的理想、信念和世界观。失败和挫折可能使人悲观消沉，而对具有科学的人生观和崇高理想的人来说，失败和挫折反而能激励他们信心百倍地去迎接困难，更加朝气蓬勃地前进。

如果你是一个心境灰暗的人，请仔细地分析、评估你的生活，尽可能地找出其中的积极因素，哪怕是非常微小的成功，也要由衷地庆祝一下，以培养你的乐观和自信。即使你有时失败了，也要想到毕竟离成功更近了，因为你曾经多次获得过成功。品味成功，将使你产生积极、乐观的心境。更重要的是，你应不断地学习并充实自己，这样的话，生活中的种种不如意也就不致使你消沉和失望。

人总是会做出一些让自己的同类都感觉心寒或者是不可思议的事情，但是心理学家为我们指出，如果你能让自己走出灰暗的心境，揭开神秘的心理世界面纱，加强心境的修炼，增强情绪修养，培养乐观心态，你就能够突破自我，最终超脱自我。

第九章
主宰自己的命运

一个伟大的灵魂，会强化思想和生命。

——（美）爱默生

你有自己的主宰系统吗

了解一个人的关键，就是了解其主宰系统，这样你才能理解他的行为。日常生活中，周遭事物有何种意义，我们应该采取何种行动，都有一套系统的处理过程。要记住，同一件事对不同的人有不同的意义，就是因为大家的认知不同、观点不一。

我平生最爱的一件事，就是去探索人们行为的成因，引导他们过上高品质的人生。其实，在我们每个人的行为背后都有一些特定的因素，例如，核心的信念、所提的问题和价值体系等。正是因为我了解了这些因素的影响力，使我得以在短时间内找出使人改变的有效方法。每一天我都像柯南道尔笔下的福尔摩斯一样，仔细搜集每个人独特行为的蛛丝马迹，然后把它们拼起来，找出是哪些因素在操控他们的行为，可以说我就是个地地道道的私家侦探。其实每个人的行为都是有迹可循的，就像开枪后必然冒烟一样。

有时候，这些行为的蛛丝马迹需要你深入去探究。不过人类行为千奇百怪，若是没有一个法则去依循，就很难有头绪。我有幸找到了这样一个法则，从而能够成功地找出影响人们行为的各种因素。如果你也能明白这个法则，就能了解他人行为背后的原因，从而改变他们的行为。

就像物理和化学有定律一样，人类的一切行为受控于主宰系统。

主宰系统由五大部分组成，我们对于周遭的诠释和反映，都受控于这五大部分，它们就像化学周期表，我们每一种行为都可分解成最基本的成分。物质都是由基本元素组成；同理，我们的一切行为也都可进行这样的分解，这样就能了解一个人行为的动机。人的各种行为就是由五个部分组成，不同的组成形成了一个个独特的个体，有的组合产生出上佳的效果，有的则平平庸庸，还有的就凄凄惨惨。

当今世界日新月异。每天我们身边都有无数的事发生，每个人都有自己的处理方式，那么他们的方式是怎么来的呢？知道其中原理的人可以说是少之又少；而能明白我们日常决定的影响力的人更是凤毛麟角。接下来，我就向各位阐明这套道理，协助各位控制自己的主宰系统，可以当即做出让人生更美好的决定。

了解别人的主宰系统，你就能很快了解这个人的本质了，不管这个人是你的配偶、孩子、上司、同事，还是先前只是陌生人。这真是天赐良机，得以知道驱使一个人（也包括你自己）去追求所希望的目标的动机，很有意思是不是？当你看到一个人有某种行为反应，能够明了其不为他人所知的原因，你会不会觉得自己很了不起？

了解一个人行为背后的原因非常重要。一个小孩哭闹，并不一定是不听话，也可能只是因为困了；丈夫下班回家发了顿脾气，不一定就是夫妻感情出现了问题，很可能是他工作压力比较大，这表示他需要你更多的关爱。人的行为就像股指一样不停变动，我们没有因为它跌了数十点就觉得股市崩盘；同样的道理，也不能因为某人的单一行为便对他下定论。一个人的行为并不等于他本人。

了解一个人的关键，就是了解其主宰系统，这样你才能理解他的行为。日常生活中，周遭事物有何种意义，我们应该采取何种行动，都有一套系统的处理过程。要记住，同一件事对不同的人有不同的意义，就是因为大家的认知不同、观点不一。

拿网球来说。对你来说，球发出界意味着你没有发好球；但是在你对手眼里，你这球发得太好了；而在裁判眼里这球发得没有好坏之分，只不过是“场内”或“场外”而已。通常一个球发出界了，发球者会是什么心理呢？绝大多数人的感觉都是负面消极的。从“这个球发得真差”变成“今天我大概发不出什么好球了”变成“我永远发不出好球”，再到“我根本就不是个网球好手”，再到“我一事无成”，最后就变成“我一无是处”。这个自我认知的转变过程显得有些荒唐，后果却是很严重的。然而这在人生中是非常普遍的现象。如果我们掌握不好信念过程，就会导致人生陷入“自我摧残”的恶性循环中。

不要怀疑自己

怀疑是决心与毅力的杀手，是雄心的敌人，会破坏希望和计划。

人类每天必须面对的最阴险的敌人之一就是自我怀疑。在我们的每个前进的转弯处，怀疑都会阻挡我们前进，甚至在我们已经踏上康庄大道之后，仍会在我们的背后晃着它那丑恶的脑袋嘲弄我们。

你也许迷惑，有时感到自己不能胜任工作；你也许会被他人影响，相信自己确实不能做某些事情。然而你要明白，成功或者失败都是一种精神状态，如果你认定自己不能做这件事，你就不能做；如果你认定能做这件事，你就能做。

正确理解自己的能力并充分利用它，这种决心与狂妄自大是完全不同的。对我们来说，在充分发挥自己的专长和技能之前，一定要相信自己。我们每个人的特长不尽相同，它可能是美德，也可能是能力，甚至可能是我们的服务。你一定要相信自己每次都能有新的收获，更要相信自己是有力的竞争者。只有如此，你才能在每天睡觉前觉得满足。

有句谚语很有道理，“每个人都喜欢热心的拥护者”。你获得成功的唯一条件就是大脑，它若能最大限度地发挥功能，那么你就会有乐观向上的心态。没有谁能在负面的精神状态下做好一件伟大的事，所有的成就都是在你感到最幸福的时候取得的。

乐观与幸福的感受，是愉悦思想的结果，而不是别的原因。如果你没能给别人留下深刻的印象，那么请你不要怨天尤人，你要抱怨的是自己的思维模式。如果你保持着懦夫的思想，那么你就不可能培养出勇敢的品质，因为你不可能从草丛上收获到无花果。你要用理解和信任作为梦想的基石，你取得的任何成功都由你的自信程度决定。

你是否常常觉得自己所处的境况不好？你是否认为如果你拥有别人的条件，那么你就更容易成功？请记住，你真正的处境是由你自身决定的。所有的成功或失败也取决于你自身，是你构建了那个内心世界，你完全可以选择构造它的材料。如果在过去你没有明智地选择，那么现在你还可以重新去建造它。只要重新开始，成功的机会就还在。

从现在开始吧！不需请示任何人。集中你的信心，增加你的思想力量，那么，财富就在你的眼前。如果你怯懦畏缩、缺乏信心、担忧怀疑，那么它就会蔑视你、离开你。它就像一枚变幻无常的翡翠，属于那些敢于爱它，并且有信心爱它的人。

但是，你必须勇敢地迈出第一步。一旦战役开始，你就要发起攻击，顽强抵抗任何阻碍，那么，一切都会帮助你的。

虽然我们树立了去实现某项任务的雄心，并且准备去做，但是一旦怀疑悄悄地出现，并开始占据我们的心灵，它就会削弱我们的雄心，我们的情绪就会慢慢被怀疑所主导，我们做事的决心会被动摇。怀疑常常对我们说："慢慢来，不要着急。现在可不是着手进行这项任务的恰当时机，还是等一个更为合适的机会吧！"于是那些我们早已确信完全可以取得巨大成功的事情，那些我们在生活中早已期待的事情，就因此而永远不会真正开始。我们开始怀疑并不停地等待，直到我们完全消失做这件事的勇气。

某些人总是对自己已经承担的任务表示怀疑，他们总是不确定应该做这个还是应该做那个。那些犹豫不决的人就像漂流在海上的一叶小舟，难以到达远处。他们从不会朝着一个确定的港口航行，他们只是在漂流，随风顺水漂流而已。

有很多人本来可以获得巨大的成功的，但只因为他们的怀疑和恐惧，使他们失去了完成事情的信心，这样，他们实际上就已经失败了。

要克服这种怀疑和恐惧，只有一个方法，那就是树立一种完全不同的信念：相信你能够完成任何你想完成的事情且坚信该项任务值得你为此而付出努力。只有这样，我们才能接近成功！

勇敢地改造自己

张其金曾经说过："要让事情变得更好，先让自己变得更好。要让事情改变，先改变自己；一个人若不先改正自己的坏习惯，使自己成为一个有着良好习惯的人，就很难获得成功。人活在世上的任务首先是改变自己，进而改变世界。"

然而，要想改变长期以来养成的恶习是件困难的事，有的时候甚至可以说是相当痛苦的。比方说，一个吸毒成瘾的人，如果希望他戒毒，他就应当克制身体对毒品的依赖，可是身体已经习惯了那种飘飘欲仙的美妙体验，心理已经习惯了那种美梦成真的梦幻出现，你让他重新感受沉重的肉身，回归现实，你说他不痛苦吗？再比如轻一点的，让一个有20多年烟龄的人戒烟，他要克制烟瘾，尽量少抽或不抽烟，然而，当他的烟瘾发作时，你说他不痛苦吗？为此，我想起了一位安葬于西敏寺的英国主教的墓志铭，这个墓志铭上写道：我年少时，意气风发，踌躇满志，当时曾梦想要改变世界，但当我年事渐长，阅历增多，我发觉自己无力改变世界，于是我缩小了范围，决定先改变我的国家。但这个目标还是太大了。接着我步入了中年，无奈之余，我将试图改变的对象锁定在最亲密的家人身上。但天不从人愿，他们个个还是维持原样。当我垂垂老矣，我终于顿悟了一些事：我应该先改变自己，用以身作则的方式影响家人。若我能先当家人的榜样，也许下一步就能改善我的国家，再后来我甚至可能改造整个世界，谁知道呢？

为了寻找事物的本质，人类花了数千年的时间。而现代人只需要花数十年的时间就能学会如何把握未来。这是一个全新的发现，但大多数人并不知道这一点。

正如戴维·西伯利所说：“他们知道怎样为地球创造科学和机械，但却不了解心理学和科学正在改变着人们寻找本质的方法。”

你知道为什么只有少数人能成功吗？那是因为，取得成功的方法是相当简单的，以至于人们都不相信这是真的。他们认为成功是一件很辛苦、很难实现的事，所以，对他们来说，成功就真的是这样了。

试着扪心自问，你是可怜的牺牲品吗？你怨恨生活，仇视那些比你成功的人吗？你认为命运总是戏弄你吗？你总能愉快、平静而充满信心地想一些改善你生活环境的办法吗？

很多人都会回避这些问题，更多的是为自己的过错辩护，为失败找托辞。事实上，失败的首要因素来自于你自身，如果足够坚强、勇敢，那么就没有人能够改变你的意志。

那么你呢？你会遵从内心做出诚实的回答吗？

当你因为有障碍挡着你而变得不耐烦时，当你对于某个同事的成功不以为然时，好好想想未来的美好时光吧。你愿意继续在嫉妒中展望未来，还是立即行动，开始你的成功之路？

有一个名叫塞尔玛的美国年轻妇女，丈夫奉命到沙漠腹地参加军事演习。塞尔玛孤零零一个人留守在一间像集装箱一样的铁皮小屋里，气候干燥，炎热难耐，周围只有墨西哥人与印第安人。他们不懂英语，无法进行交流。她寂寞无助，烦躁不安，于是写信给她的父母，想离开这个鬼地方。父亲的回信只写了一行字："两个人同时从牢房的铁窗口望出去，一个人看到泥土，一个人看到繁星。"塞尔玛开始没有读懂其中的含义，反复读了几遍后，才感到无比惭愧，她决定留下来在沙漠中去寻找自己的"繁星"。她一改往日的消沉，积极地面对人生。她与当地人广交朋友，学习他们的语言。她付出了热情，人们也回报了她热情。她非常喜爱当地的陶器与纺织品，于是人们便将舍不得卖给观光客的陶器、纺织品送给她作礼物。塞尔玛很受感动，她的求知欲与日俱增。她十分投入地研究了让人痴迷的仙人掌和许多沙漠植物的生长情况，还掌握了有关土拨鼠的生活习性，观赏沙漠的日出日落，并饶有兴致地寻找海螺壳……沙漠没有变，当地的居民没有变，只是塞尔玛的人生视角变了，她的生活就发生了巨大的改变。原先的痛苦与沉寂没有了，代之以积极的冒险与进取，她为自己的新发现而激动不已。于是她拿起了笔，一本名为《快乐的城堡》的书两年后出版了，她最终经过自己的努力看到了"繁星"。

一个人在面临无法改变的环境的时候，他要学会改变自己，自己改变了，环境也会随着改变。西方有句谚语说得好：生存取决于改变的能力。杰若·柯非上尉在越战期间当了7年战俘。他回想起自己态度的转变时说："起初，我祈求上帝改变我的处境——上帝啊！让我再回到被俘前的最后5分钟，我一定会飞到别的地方。"随着时间的过去，他说："我祈祷的内容改变了，我希望自己变得更好，不但可以忍受牢狱生活，而且可以从战俘经验中获益。"也就是说，他的祈祷从"改变我的环境"变成"改变我"。他发现了一个基本原则，根据这个原则从现状中找寻生活的意义。

不论你目前的处境如何，都一定有值得我们学习的地方，所以才必然会遇到那种处境！祈祷上帝改变你的处境，根本毫无意义。

如果你说："上帝啊！请改变我的处境，我就不需再费事改变自己了"，就是还缺乏对问题的了解。你应该说："上帝啊！改变我吧！改变我对这件事的想法吧。"一旦改变了想法，处境也会随之改变。

毕竟渴望掌握熟悉的情感与事物，是人类共同的特性。我们总习惯固守着相同的生活、熟悉的环境、作息时间；执著于心爱的人或物……为什么会这样呢？因为大部分人对自己所不熟悉的事物都会心存恐惧，我们害怕改变会夺去我们所掌握的"确定感"，因此当人一觉得有任何不确定感时，内心就会本能地加以抗拒。大多数人似乎都是这样，一辈子都在这种死胡同里绕来绕去。一方面想逃脱，另一方面又害怕承受痛苦，结果把自己弄得既矛盾又挣扎，折腾了一大圈又绕回到起点。改变是痛苦的，但是，如果不改变，那又会怎样呢？再听一个小故事。

有一条沙皮狗要完成一桩使命——经过千里沙漠送一封信到边关。它带着足够的粮食和水上路了。可是一去就杳无音信，于是人们又派出10条沙皮狗也带着粮食和水去寻找，可也杳无踪迹，一去不复返。后来，人们发现11条沙皮狗全部死在沙漠里，没有任何皮肉伤害，也没有中毒。化验结果表明，这些沙皮狗都是死于一个可笑而可悲的坏习惯，那就是被尿憋死了。原来狗撒尿时总要找一个靠腿的地方，而使另一条腿抬起来，可茫茫沙漠哪里有树、沟、桩、石头？

改变是痛苦的，这种习惯的力量是多么巨大，要改变它是多么困难。但问题是，得过且过，你不用痛苦了；但你也同时放弃了成功。怕吃苦者往往苦一辈子，不怕苦者，只苦半辈子。你可知道，追求成功的过程就是一个理性战胜本能，克服自身惰性、缺陷，挑战自我的过程，是一个不断与自己的惰性和缺点做斗争的过程。每天改变一个坏习惯，每天克服一个小毛病，每天进步一点点，成功就这么简单。

第十章 改变生命的力量

生命如同寓言，其价值不在于长短，而在于内容。

——（古罗马）塞涅卡

生命的哲学

宇宙的运转遵循一定的规律，在相同的条件下，相同的“因”总是产生一样的“果”。因此，如果祈祷能够得到回应，那么只要合适的条件得到满足，它就会一直得到回应。这肯定是正确的，否则的话宇宙就是混乱的，而不可能是一个有序的整体了。宇宙的创造性法则只有统一，没有特殊，它的基本规则不会总是在变，也不会在愤怒、嫉妒或仇恨中发挥作用。我们也不能够通过良言或恳求来诱骗、讨好和感动它。但是，如果我们能够理解到我们跟宇宙法则是统一的，那么也就能够得到它的庇佑，因为我们将因此而找到智慧和力量之源。

无论是国家的命运还是个人的命运，都取决于一些最基本的东西，比如人与人之间的关系。理想和动机对历史的形成，比事件本身具有更大的影响。人们对生命的持久关注，比同时代的任何骚动和剧变都更有历史意义。

现代社会的种种令人不满的状况，是根深蒂固的破坏性社会痼疾。以立法和压制的办法对这些痼疾加以整治，只可以暂时缓解而不能从根本上治愈，因为它会演变为其他的更为糟糕的症状。对破旧的衣服进行缝缝补补改变不了它破旧的本质。建设性的措施必须建立在文明的基础上，也就是建立在我们的思想之上。表面上看起来不可能的事，正是那些能帮助我们去认识真理的事。如果我们期望开启崭新的人生之路，就必须走上前人从未踏足的道路，丢掉无知的迷信，拾起伟大的科学，攀登真理的高峰。让科学和真理来统驭我们，能得到正确的指引，这是我们思想的创造力，它能使我们实现目标。

如果生活哲学的基础是盲目的乐观主义，是一种不能完全起作用的宗教，或者只是一个很不切实际的主张，那么它对于知识分子来说就不会有任何的吸引力。当面对这一困境时，我们就会面临这样一个疑惑：它真的有用吗？一次普遍的觉醒其特有的标志之一，就是在怀疑和动荡中能够闪耀出乐观主义。这种乐观主义能够发出光明和希望，当这光明能够惠及终生，恐惧、愤怒、怀疑、自私和贪婪都会消失得无影无踪。我们能够预见，人们将会越来越普遍地感觉到这一让人变得自由的真理。

在我们显意识中占据了一定时间的每一事物最终会在我们的潜意识中留下痕迹，并成为一种范式，而创造性能量则会把这种范式运用到我们的生活中，这就是祈祷的秘密。从古至今，人们对这一规律的运转了解得并不多，尤其不可能出现的情况是它被那些深奥的哲学流派中的某个学者揭示出来，因为某些掌握大权的人担心毫无准备的公众不能恰如其分地运用它释放出的巨大力量。

祈祷的力量

为什么我们曾认为祈祷会给我们神奇的力量？祈祷有什么秘密？事实上一切曾在我们的意识中出现过的想法，都会在我们的潜意识中留下痕迹，这种痕迹长期贮存在我们的大脑中，并逐渐形成自己固有的运行模式，也以此为据为我们解决了生活中的一切问题。

宇宙遵循有序的法则而运作，否则世界将成为无序的混沌。所以世上的事物都有其相对应的因果。外部环境相同的情况下，即“因”相同的前提下，定会产生相同的“果”。我们对上帝的祈祷也是这样，当我们向上帝祈祷并得到回应，那么在以后或从前的祈祷中也一定能得到回应，这一点正遵循了宇宙有序运作的法则。无形的祈祷其实也遵循着同地球引力法则非常相似的法则，它们绝对准确、科学。

但是，即使很多人从出生后通过学习都会知晓很多知识或定理，但却极少有人会真正了解祈祷的法则。在祈祷所遵循的精神法则还未被我们发觉或意识到时，它已经存在于你我身边并恒久不变地运行着。直至今天我们才得以证明并逐步认识到这个法则不仅准确且科学而严格。

祈祷是以恳求的方式表现出来的思想，断言是对真理的陈述，它得到了信仰的增强，而信仰则是一种强有力的思想形式，它使这一思想变得不可征服。这就是精神实质，它本身包含了创造者和被创造者。但创造性思想并不只包含祈祷和断言。当一位建筑师计划修建一幢奇妙的新建筑时，他总是在自己的工作室里冥思苦想，调动自己的全部想象力来构思这栋新奇的建筑外形，以及它额外的舒适感或良好的居住效用，其结果通常不会让人失望。

每一个善于思考的人都必须承认，对祈祷的回应，正好提供了普遍智能存在的确凿证据。在所有事物、所有人的身上，这种普遍智能都是客观的。我们其实早在以前就已经把这种普遍智能人格化了，称之为“上帝”，但人格的观念跟形态相关联，而形态是物质的产物。普遍的智能或心智却是一切形成的创造者，一切能量的管理者，一切智慧的源泉。

祈祷的价值取决于精神活动的规律。

祈祷是人类的内心对美好愿望的一种表达，更是对未来的一种憧憬和规划。祈祷的价值规律，是由精神活动规律所决定的。可它到底是为什么？为了获得最好的答案，“沃克信托基金会”悬赏100美元征集关于“祈祷”的最佳论文，要求如实论述“在日常生活事务中，在疾病康复过程中，在悲痛、不幸和国家危难时刻，以及在为国家目标和世界进步而努力时，祈祷对个体、对国家的作用、意义、价值和力量。”

由于祈祷的价值这一命题的丰富性和广泛性，该悬赏活动引起了民众热烈的响应，共收到1167篇论文，大大超出了活动发起人的想象。这些论文来自世界各地，由19种不同的语言写成。100美元奖金最终被马里兰州巴尔的摩市的塞缪尔·麦康伯牧师领走。纽约的麦克米伦公司还挑选了其中的部分精华论文结集出书。

“沃克信托基金会”的戴维·拉塞尔在谈到他对此活动的感想

和印象时说："对几乎所有的投稿者来说，祈祷都有着不可估量的价值，是真实存在的事情。但不幸的是很少有资料能指出让规律运转的具体方法。"拉塞尔本人同意，假如祈祷得到了回应，必定是自然规律在发挥作用。他说："我们都知道，人的聪明才智必须能够理解自然规律的条件，并能够引导或控制它的秩序，才能合理地加以运用。我们深信，智能的力量大得足以包含并孕育精神，因此它必将会揭示出精神领域的规律。"

探索真理

所谓探索真理，其实就是在探索这个世界物质的组成和规律。回顾人类发展史，每一次经历都会产生一个结果，一旦我们能把这种经历的原因确定，就能够据此有意识地加以控制。这样一来，我们就可以掌控自身的一切际遇。人类对于真理的探索，不是盲目的探险，而是一种合乎逻辑的研究，是系统化的过程。所有的经验在成形之前，都能在我们的意识中得以指引。

人生不是一场命运的球赛，人也绝不是际遇的玩具。我们要做自己命运的主人，要做际遇的舵手，就像司机驾驭火车和汽车一样，牢牢掌握住自己人生的方向盘。世间万物都在同一个体系中流转，彼此之间绝不是孤立或者是对立的，事物之间都有着千丝万缕的联系，当条件成熟时，它们还可以相互转化。

无知掩盖了真理之光，要推翻无知的黑暗统治，使真理之光重新照亮整个世界，我们就必须懂得利用心智控制物质这个规律和真理。

每当接触到自己不了解、不清楚的东西，天性总会使人类把它们神秘化。很多人并不懂得生命的基本原则，更别说知道怎么应用这一原则，也就无法让这一原则为自己服务。因此，他们只能指望依靠别人获得幸福，当这种依赖频繁发生的时候，显意识中的精神因素往往会越来越弱，人的精神力量随之变得越来越小，越来越被动。

哲学家、宗教工作者和科学家们反复地声称，不存在绝对的真理。换句话说要让一个人确信“真理”具有创造性力量，实践是检验它的唯一方法。人们或者可以先假设真理是绝对存在的，然后在这个基础上作出反证。

收获真理

真理不是学习中获得的，它必须借助于意识的不断开发才能够收获。真理不会因长期的训练或实验而闪现，它需要一种由信念带来的悟性去领悟、破解它。我们对真理的领悟程度，决定了我们生存的世界、周围的生活、社会的变革。真理不是简单恪守的信条，而是将思想融于行为的一种客观实现。

要创造更多的幸福，要满心欢喜地接受新的真理，要不断地有新的希望，要看到风暴过后的平静，要看到黑夜过后的黎明，这就是科学的信仰。

可喜的是真理正与人类的需求之间建立新的关系，而这种关系正渐渐被理解并获得普遍的认同，它也并非镜花水月、空中楼阁，而是实实在在的通过努力可以达到的东西。把一颗种子种在土壤中，只要精心呵护，它就会发芽长大，结出果实。将你渴望的某一件特定的事物作为一个已经存在的事实，在你的精神世界里留下印记。接下来你要坚信这一希望已经实现，那么你必然会看到它实现的一天。如此一来，我们就能排除很多不利的条件或局限，从而在绝对的层面上进行思维。

真理的意义是不会改变的。无论它出自那一个国家的人们嘴里；无论是将它写在书本上，还是通过声音表达出来。真理的意义都不会变，它总是拥有相同的本质。只要对这些论述加以分析，就会发现其实它们在用不同的表达方式表达着相同的真理。

当今社会是一个日新月异的社会，新事物茁壮成长，旧事物很快消失，我们正处于一个新旧交替的十字路口。新型社会秩序的道路已经铺好，所有的一切都在为新秩序的到来做好准备。迄今为止人们所梦想的事物总能实现，这实在是比令人惊奇的事情的总和还要令人惊奇。

在我们的现实生活中，总有许多令人惊奇的事，有许多坚不可摧的力量让我们惊叹。例如，有许多人实现了自己一生渴求的梦想，许多人取得了看似不可能的成功，许多人把自己变得更强大。其实这一切并没有什么神奇，它们都只不过是世界的自然法则而已，我们也可能成为令人惊奇的对象，如果也能像那些人一样合理地运用它。

实践是检验真理的唯一标准

我们认识任何事物都是从外部特征开始，我们肉眼能观察到的也只有外部特征，那些内在的本质要靠心智去分析。因此，对任何事物表象的观察，以及建立在这种观察基础上的推论，构成了我们对这一事物的基本认知。如果你观察并认识到了真理的某些特征，你只是了解了真理的局部；而如果你观察并细心地注意到了真理的全部特征，然后感知到了贯穿于这些表象的规律，并认识到了这些特征的规律，那么你对真理的认知已经接近完整，此时你才可以算真正掌握了真理。

那么真理的特征是什么呢？这是一个无法回避和争辩的问题。大部分人的看法是，在哲学的意义上真理是绝对的、不变的事实。既然真理是事实，那就有了第二个问题：事实又是什么？

一加一等于二，这就是一个亘古不变的事实。无论在哪里它都是真理，在任何地方、任何时候它都是正确的。一个存在于事物本质中的事实，既没有起点，也不受任何人限制，我们的日常生活和活动都受到它的支配，违背真理的人最终将受到严厉的惩罚。然而，真理并没有具体的形象，它只是一个你看不见、听不到、闻不到的事实。真理不受时间和空间的限制，任何身体感官都无法感知它，但我们并不能因此而否认它的存在，也不能因此而怀疑它的正确性，同样也不能因此否认真理的绝对性和永恒性。

东方玄学家们向来喜欢明确地阐述观点，从来不会提出模棱两可的知识。他们不会把不明确的东西教给孩子或年轻人，除非全程辅以他们的控制或指导，就像西方的孩子在学校接受智力的培养经历一样。在印度，当一个年轻人开始学习精神上的知识时，老师首先要使他明白的事情就是让他认清自己要走的路线。他预先得到提示与警告，要随时注意可能出现的危险，他的整个行程都能受到老师的悉心帮助，这样在他人生的早期便不至于轻易跌倒。

爱是一种伟大的情感

爱是一种思想形式，它不是物质的，是一种非常真实存在的东西，这一点谁也不会否认。爱是宇宙的创造性法则。

爱是情感的产物，情感受腹腔神经丛和交感神经系统的控制，因此是潜意识的产物，完全处于无意识的神经系统控制之下。正因为如此，驱使它的动机往往既不是理性的也不是智力的。每一个政治煽动家和宗教复兴运动的鼓吹者，都善于利用别人的情感。他们知道如果他们能鼓动人们的情绪，他们所希望的结果也就能够得到实现，因此煽动家总是设法调动听众的激情和偏见，而从不诉诸理性。宗教复兴运动的鼓吹者们总是通过爱的天性来激发人们的情感，并以此来控制别人。他们都清楚，当人们的情绪被鼓动起来的时候，理性和智力会大大地降低。

爱不但是一种慈悲的表现，而且当我们选择无私地去爱人时，一股源源不绝的能量也从我们的心中涌出，滋润与活化了我们的身体。

你知道吗？其实我们身体本身是一个能量系统，而我们与他人的接触与交流，则是透过能量的放送来做沟通。

能量的放送有许多不同的形式，但是能量流动的必需管道和媒介就是我们所谓的电磁能，也就是我们的爱的能量——一种沟通的能量。

在我们与其他人交往当中，我们甚少想过我们是透过能量来互动的，而且这种能量的互动决定了我们与其他人关系的质量与深度。如何才能了解我们在人际关系上所运用的能量呢？智者的教导是“认识你自己”。生命的本质是生生不息的活力与爱的能量之泉。流过身体的这两种能量，不仅维持、滋润与活化我们的身体，并且通过我们自身来照耀且发送能量给我们周遭的生命与其他存在之物体。

这种发送能量的自然倾向说明我们的生命与身体存在的重要特性——我们身体的外在与内在以及心理机能的整个结构设计，在于让我们能够像太阳般吸引地球，赋予地球及地球上的所有生物以活力，但是又不从地球拿走任何东西。

生命之能与爱的能量从我们心的能量中心（心轮）发散出去。这不是任意发生的，而是我们的神性刻意化身在此，成为爱与生命之能的发射中心。

每当我们选择去爱时，一股爱的能量便从我们心的能量中心（心轮）产生出来，朝向我们所爱的人以及与我们关联的人身上。同时，另外一股爱的能量，以四倍的力量，从我们的灵魂核心产生出来；这股能量全然地清洗我们的身体并且强化它的完整性、磁性与和谐度。

由灵魂中心产生出来的这股能量与从我们心轮所产生出来的能量成比例。结果是我们愈爱人，产生出来的能量愈多，我们的身体愈健康与和谐。

在我们选择去爱时，生命之能并非不参与。生命之能从我们的灵魂核心与心轮不停地释放出来。不过，它的特征是它总是朝最有磁力、和谐与平衡的路径流动，而这条由爱创造出来的路径就是生命之能的流动路径。因此两股能量分享同样的专注点，以及在我们灵魂核心与心轮中心的分散点。

爱的人同样从我们所释放出去的能量中获得很大的益处。当我们选择爱人时所产生的爱的能量，不仅在关联的个体间创造出相互沟通的联系管道，并且在被爱的人的周遭创造出一种爱的共振磁场。这个爱的能量磁场可以减轻被爱的人生活中的诸多困难并且促进他们的个人成长，因为爱能在不同的能量间创造和谐与平衡。

生命之能同样会抵达被爱的人身上。经由它的接触，强化他们维持生命的能量场，增加他们的生命力并且激发出幸福的感觉——这股搭在爱的能量波上的生命之能是我们实践康复之道时所运用的主要能量。

将人与人之间的关系用能量互动的观点并不剥夺他们所能带来的美与喜悦。相反的，它将我们带到更崇高的层次，因为它指出我们所有的关系是具有创作力的，可以长久影响我们自身、别人以及整个宇宙本身。

认识到在某些程度上我们每天都在练习爱的能力是重要的；换句话说，在某个层面上，我们每天都在制造爱的能量。如果不这样，我们无法与其他人相关联；我们甚至无法处理最简单的日常事物。

正是在我们与他们打交道的过程中，我们发现了我们身体生病、老化与最后死亡的原因，以及社会衰败与犯罪的主要原因——我们爱得不够。

大部分人的问题是我们甚少全然地打开自己，并对别人诚恳以待，从身体的定律而言，我们身内的能量是用来发送与分享的，然而我们却保留了一大部分的能量。这道理很简单：我们大部分的念头是以自我为中心——而这阻隔了生命之能的释放。

我们大部分的感觉是有所保留的，而且同样的，是以我们自己为中心——这阻隔了爱的能量流动。

且我们大部分的言行旨在支持以自我为中心的想法与感觉。

一则古老的故事告诉我们，长久以来，在我们的潜意识里一直存有一种信念。这个信念就是如果我们将我们以及我们所拥有的过多的分享给别人，我们会遭遇匮乏与困顿。而且许多时候是蓄意的，是由健忘所生……据说这种潜意识（许多时候也表现为显意识）来自我们的健忘症……我们忘记了我们是生命与爱的无穷尽泉源。

这故事也告诉我们一旦我们能够记得我们是生命与爱的无穷尽泉源，这整个宇宙会快乐地唱着：“爱与生命的阳光绽露曙光了”。

也许这个古老的故事不只是个故事。我们打开我们的潜能，绽放在美、快乐与圆满当中，藉由自由地、智慧地将我们与别人分享。在这种有意识的分享中存在着一种巨大的治疗力量。分享是整个生命体的基础。否则，当我们忘了我们的生命本质而生活与活动时，我们在消耗我们身体与群体的能量。

爱是每个人非常切实可行且有益的选择。一方面，如果在我们与他人的关系中以及与其他人的交往中，我们选择尽可能少的连接，同时尽可能地保存我们那些会自然释放的能量，那么我们的身体将会短缺能量，因此，导致虚弱、退化与老去。相反地，如果我们选择建立一个与其他人完全开放与无条件的连接，并且明智地不期望有任何回报，我们的生命与世界将获得健康、和谐与繁荣。

情感寄托

当情感找到恰当的发泄渠道时，一切都将顺利发展下去；但如果它们被阻止，或者被压制，那么愿望就会继续积聚能量，最后进入潜意识中，并一直待在那里。此后，你的情感总是试图在你的行动中表达它们。因此，爱的情感总是在展示爱的行为中寻求表达；羞耻的情感会在导致产生这一情感的行动中寻求表达；恨的情感总是在报复或敌对行动中获得表达；悲痛的情感会刺激泪腺产生强烈的反应。由此你将明白，情感总是把能量集中在寻找发泄渠道的愿望上。

这种被压制的情感就是所谓的“情结”。这种情结是一种活的生命，它有非常强的生命力，除非把它释放出来，否则它在人的一生中都不会减弱。事实上任何一种类似的想法、渴求、愿望或记忆都会让它变本加厉。这样的情结还可以获得相反的表达。好比一个男人如果无法表达对一个女人的爱，他就可能会成为一个憎恨女人的人。一看到跟女性有关的东西他就会生气、苦恼。从表面上看他似乎是大胆的、独立而霸道的，但这其实是一种伪装，他就是凭借这种伪装来掩盖内心对爱与怜悯的渴望，而这些都是能被他获得的。

他最终选择配偶就会无意识地选择一个跟那个导致他悲痛的女人完全相反类型的人。爱慕已经被颠倒过来了，他不想要一个提醒他痛苦的人。痛苦是一种能够打开潜意识心智大门的情绪。“这就是我们做事而得到的惩罚”，这个想法产生了这么一个结论：“好吧，我下次决不会再犯同样的错误了。”这就是个人的痛苦忏悔所带来的自我暗示，也是使个人沉溺于潜意识心智中的洗心革面的暗示。洗心革面就这样发生了，因为它改变了灵魂的渴望，同时也导致了这样一种新的渴望：避免向那种痛苦的结果忏悔。渴望的来源是潜意识的心智。很明显渴望是一种情绪，情绪的来源就是灵魂或潜意识心智。愉快的情绪是愉悦的感受，那是对潜意识心智为身体所提供服务的一种奖赏。

人的情感可以通过精神的、评议的或身体的行动表达出来，通常是这三种方式中的一种，使人的情感获得释放，使这种能量在几个小时内便烟消云散。但是，当我们敬畏、骄傲、愤怒、憎恨或痛苦的时候，这些情绪被埋在显意识下，就成为潜意识中的精神伤疤，它最终导致更大的痛苦。

爱的情感导致腹腔神经丛变得活跃，这反过来又会影响到腺体的机能，使它们对某些身体器官产生振动作用，然后这些身体器官就创造出激情。恨的情感导致身体某些器官活动加剧，改变血液的化学机能，结果导致人的半瘫痪状态。如果长期如此，就会使人完全瘫痪。

当某个想法、观察或意图通过情绪进入到潜意识的时候，交感神经系统便接纳了这引起想法、观念或意图，并把它们反映在身体的各个部分，这样也就把想法、观念或意图转变成为你生活中的实际经历。显意识心智和潜意识心智之间的交互作用，需要神经系统之间有类似的交互。脑脊髓神经系统就是我们从肉体感官接收显意识感知并对身体运动进行控制的通道。这一神经系统的中枢就在人的大脑里。

竞争与选择

科学不是理想主义的，而是自然主义的；它试图洞悉任何地方的事实及其逻辑规律，不会预先对这个或那个方向上的体系表示出尊崇或反感。格罗夫说："科学，既不应该有欲望，也不应该有偏见，尊重事实应该是它唯一的目标。"

赫胥黎说："现代科学工作者已经进入了我们最优秀诗人的作品中，就连作家也在不知不觉中被灌输了某种科学工作者的精神，并在他们最好的作品中使用科学的方法。我相信迄今为止人类最伟大的智力革命，如今正在科学的作用下缓慢发生着。科学告诉了世界，最终的上诉途径是观察和实验，而不是权威；它也在告诉世界，要评估证据的价值。它在传达一个坚定而生动的信念，永恒不变的道德规律和自然规律是存在的，服从这些规律是一个智能生命最高的愿望。"

雷迪懒得费尽心思去论证，而是用实验的方法直接揭破了所谓的"自然发生说"的特例。"这儿有一些动物尸体，或几块肉，"他说，"我在夏天把它们暴露在空气中，要不了几天身上就会布满密密麻麻的蛆。我把同样的动物尸体在十分新鲜的时候放进广口瓶，再在瓶口蒙上一块细密的纱布，几天后没有一条蛆虫出现，但这些尸体还是腐烂了。很明显，蛆虫并不是由腐肉引起的，它们之所以会产生，是由某种被纱布阻挡在外面的东西引起的。纱布并不能阻挡住气体的进入，因此这种东西必定是以某种固体微粒的形式存在的，而且大到了无法通过纱布的程度。这些固体微粒究竟是什么呢？那些被腐肉的气味所吸引的苍蝇蜂拥而至，聚集在瓶子的周围，它们在受到误导时，本能地把它们的卵（蛆就是从这些卵里生出来的）产在纱布上，并很快孵化出来。因此结论是不言而喻的，蛆并不是由腐肉产生的，而是由苍蝇产下的卵孵化出来的。”

你或许感到奇怪，这些实验看上去简单得近乎幼稚，从前怎么就没人想到呢？它们尽管简单，却值得仔细研究，因为关于这个课题所做的每项实验都符合这位意大利哲学家所提出的模式。他所做的那些实验，结果都是一样的，不管他使用什么实验方式。由此可知，雷迪的脑子里必定产生过这样一个推测：在所有诸如此类的实例中（表面上看起来生命是从死尸中产生的），真正的结论是，活性微生物是从外部进入到那些动物死尸中的。就这样，下面这个假说得以成形：活性物质总是通过选择活性物质的媒介而产生。在此后的每一个特例中，在活性物质以任何能够被细心的论证者所承认的其他方式产生出来之前，这个假说就有得到尊重的权利和接受驳难的义务。

该假说所承受的，并不是生命形态这样那样的联合，而是这样一个过程：宇宙是这一过程的产物，这些生命形态是这一过程的瞬间表达。在活性物质的世界里，这一宇宙过程的一个最典型特征便是生存竞争，每一活性物质与所有其他活性物质互相竞争。那些幸存下来的生命形态，总的来说适合它们在任何时期所获得的环境。因此就这方面而言（仅仅在这方面），它们是最适合的。在丘陵植被中，这一表现最为突出，可在长满杂草和荆豆的草皮中得以体现。在那样的环境中，它们从竞争中胜出，并通过各自的生存，证明了它们是最适合在这种环境下生存的。

第十一章 激发生命的能量

生活的道路一旦选定，就要勇敢地走到底，决不回头。

——（法）左拉

人与人之间的磁性

在一根普普通通的铁棒中，分子在其内部杂乱无章地排列着。这根铁棒经过磁化成了磁铁，它会向各个方向发射磁力，形成磁场。距离磁场越近，磁力就越强。当这普通的铁棒被磁化以后，分子就依据吸引力法则排列开来，它们绕着自己的轴旋转，所排列的位置更接近于直线，其北级指向同一方向。

虽然你看不到铁分子在磁力作用下改变它们位置的过程，但结果表明改变的确已经发生了。当所有分子都绕轴旋转直到全都对称排列的时候，铁棒就被完全磁化了。这时它就不再受到磁的影响，不管磁力多么强烈都是如此。

电是看不见的，我们只有通过它的各式各样的表现形式来感知它的存在。人体就是一座完美的发电厂。食物、水和空气为你提供燃料，神经是蓄电池，神经系统是你的身体用来充电的媒介。睡眠是人体重新充电的过程，生命因此得以补充和更新。

当一个异性进入你的磁场范围的时候，会发生什么情况呢？首先，吸引力法则开始起作用；其次通过感应过程你被“磁化”，并带有了你所接触的那个异性的属性。男性是正电荷，女性是负电荷；男性代表力与能量，女性代表宽容、阻力与吸纳。当另一个人进入你磁场的时候，一个人传递给另一个人的会是什么呢？是什么原因导致你的整个神经颤栗、兴奋起来呢？那是因为你的体内细胞在重新排列，以便接受一个人传给你的能量和活力，这些都是你通过感应过程接收到的信息。当同性接触的时候，又会发生什么呢？所有的人类交往都是一个适应的问题，在决定彼此之间的关系时，你将是其中的因素之一，是否应该在新的关系中成为支配性因素，这取决于你自己。如果你给予，就说明你是正极因素，或者说你是支配性因素；如果你接受，那就说明你是负极因素，或者说你是接纳性因素。每个人都是一个磁体，都有自己的正极和负极，都带有下面所说的倾向：它们对接近或被接近的东西产生共鸣或反感。通常情况下，两个相向而来的同极互相接近的时候，就预示着爆发冲突和对抗。

在人传给人的磁性当中，传递的是遗传与环境储藏在你所爱的人的生命中所有的快乐、爱、悲痛、恐惧、成功、雄心、胜利、失败、敬畏、智慧、勇气、品德和美。因为它不亚于爱，吸引力法则就是爱的法则，爱就是生命，正是这一经验激励了生命，使其多投入行动，正是借助这一经验，性的遗传和命运被注定。

心智拥有多种方法接触外部世界，触觉器官就是其中之一，实实在在的身体接触不仅能够激发神经系统，而且也能够激发脑神经系统。由于大脑是由脑神经系统控制的器官，因此你可以立即意识到任何一个这样的行动。所以，当情绪或感觉被精神接触和身体接触唤醒的时候，我们就让身体中的每一根神经都活动起来。这些交往所产生的交流让人充满活力，对人是有益的，如果是理想的、建设性的交往，就会产生这样的情形。这是一种在意识和生命中产生影响的交往，植物、鸟和动物的杂交中所蕴含的力量和作用就是典型代表。这个结果意味着额外的力量、效用、美、财富或价值。这样一来，身体接触得以完成，创造出了完全不同的情境。在这一情形下我们也会通过触觉器官让脑神经系统运转起来。

当生命中开始充满爱、胜利、雄心、成功、失败、悲痛、憎恨或痛苦的情绪的时候，你是否立刻意识到了它们的存在呢？答案是没有。为什么？大脑是显意识心智的器官，它接触显意识世界，依靠五种感官完成，即视觉、听觉、嗅觉、味觉和触觉。但爱这种东西，我们看不到，听不到。因此，它明显是一种潜意识的活动或情绪。然而，潜意识有它自己的神经系统，它借助这一系统跟身体的各个部位相关联，从而接受外部世界的感觉。这个完整的系统，控制着心脏、肺、肾、肝和生殖器官等所有的生命器官。上帝让这些器官不受显意识心智的控制，并把它们交付给更为安全可靠的潜意识来控制，这样它们就不会受到干扰。

生命的根本原则就是和谐，在生命之路上潜藏着无数不和谐的因素和陷阱。它们深藏于每一次的和谐中，变得不那么确切。随着阅历的增长，你逐渐能够在表面上的恶中辨识出真实的善来，你的吸引力法则也就会因此而不断增加。你可以自己来决定你与其他人的关系，以及他们与你的关系。任何磁体都有这样一种力量，它能够使力量较小的磁体与它形成和谐的联合，这是通过使另一个磁体的极性发生逆转而实现的。不同磁体之间的不同磁极就会平静、和谐地走到一起。正极较强的磁体会迫使正极较弱的磁体接受它，这样正极较强的磁体就成为了支配者。较弱的磁体接受较强磁体压倒性的影响，当这种力量要求它反转自己的极性时，它就不得不把自己的正极丢掉，让它的负极朝向更强磁体的正极，于是这两个磁体便在和谐的关系中相生了。

如果你在精神上获得了高度的发展，并被赋予了智能的力量，你就应该最大限度地提高自己的抵抗力。在这种情形下，你既不会抛弃理性，也不会丢弃逻辑，因为在你对生命的理解中，灵活运用精神几何、心理代数和身体算术等方法来解决你所遇到的各种难题。如果你是一个拥有强大灵魂的人，你也许会凭借直觉知道到底是该使用强制力还是非抵抗力。使用强制力的时候，作为结果的和谐只是一种无意识的、暂时的屈服；使用非抵抗力的时候，它能给人以自由感，从而使结果的和谐变得更为牢固。你会发现，存在就包括不断再现的适应、妥协和反转极性的机会。你可以命令并强求不情愿的服从，你也可以引发和接受自愿的合作。你可以通过默认的屈服逃过强制，也可以通过能够引发愉快的默许来避免使用强制力。你可以促成和谐共振、创造友谊，同时你也不得不培养起反作用的憎恨，从而完成你最终必须履行的义务。

控制自己的境遇

理解了人所具有的互相吸引与排斥的特性，就能使你轻松地解决掉生活中的许多难题。冲突和反对总有它们各自存在的理由，但一般认为它们构成了你前进中的障碍和陷阱。你会发现总能够通过反转你自己的态度或者迫使你潜在的对手反转他的态度，来避免无用的反对和无益的冲突。

事实上，你正在接受那些无法更改的，仅仅为了实现你的利益而被设计出来的亲切关照。你可以选择让自己处于和谐的关系中，过一种相对和平与幸福的生活；同样你也可以把自己置于和不可避免之事相对立的境况中，从而带来令人遗憾的后果。

你决定着自己与所有这一切的关系。你接纳一些交往进入你的生活，你通过这些交往获得了幸福或者不幸，你表达着这些幸福或不幸。你可以迅速而轻松地从经历中积累智慧，同样你也可以缓慢而艰辛地这样做。当你能够感知到你所吸引的东西的意义时，你就能够有意识地控制自己的境遇，能够从你的进一步成长所需要的每一次经历中汲取有用的经验。当你拥有的智慧达到一定程度的时候，你就要迅速地获得成长，从而达到新的思想境界。到了这一阶段，就会有更多的机会在等着你。你学会了如何表达更大的和谐，更高的成长将把这些和谐置于你能够到达的地方。

如今你进入了与本质相关的生活，几年前，那些环绕在你周围的无数振动，比如电、磁、热和光的振动还很少能够被你所认识，现在对这些振动的控制和利用却让你无法轻松下来。这些振动会引发一种非凡的心智，它让你变得深谋远虑，从一开始就能看到结局。心智是万物之源，从这个意义上讲心智的活动乃是万物形成的最初的原因。事物的本质决定了心智的存在，而心智的活动乃是万物形成最初的因。事物的本质决定了心智的存在，而心智的活动是这本质赖以成形的因。一个观念就是心智中孕育的一个想法，这一理想的思想形态是形态的根本。从这个意义上讲，这一思想形成是最初的形态表达，当它作用于“物质”上时，就导致了它的形成。除了观念之外，其余任何东西都不会自心智中形成。这样一些观念作用于普遍心智，随之产生相应的形态。

在我们的血脉延续的过程中，特定的世系得以保留，特定的特征得以确立。我们既没有失去世系，也没有丢掉特征，因为无论是世系还是特征，都被一代一代地传递下去。世系从未断裂过，尽管我们看不见它，它们也从未变异为其他的东西。古往今来，它们一代接一代地向下延续。特征世系是看不见的轨迹，大自然通过它把建设性的能量注入到每一个被创造的事物中，从真菌直到拥有心智和灵魂的人类。我们可以提取、分解、混和所有的那些在构建的过程中被用作传送者或媒介物的元素，但如果我们不把能量集中在特征世系（它们是必须首先建立的创造性土壤）方面，那么我们就无法找到能够产生坚果、李子或芥菜籽的元素。

自我的更新：过去你不是你

事实胜于雄辩，为了证明创造力和人的成功之间的密切关系，我们来看看一个现实中的例子。

詹姆斯始终坚持用原有的观念来指导人生。他虽然经常失败，但总的来看确实是很成功的一个人。在他失败的时候，他感到一切都是灰暗的，自己似乎已经改变不了一切了，而且自己的脑子似乎已经不能思考了。

当他明白思考的道理时，他很高兴。他明知道，做生意就需要创意，这样才能赚到钱。在他失败的那段时期，他感到自己已经江郎才尽了，因为他想不到什么高明的创意。而保持思考的习惯则能使他改变这一点，给他提供走出失败的机会，再加上他多年的生意经验，他一定会再次成功。

没过多久，詹姆斯果然又振作起来，生意顺风顺水，赚到了不少钱，已经成了某个企业的核心人物之一。他所提及的这个企业现在发展迅速，国内外都有他们铺天盖地的广告。它发展如此迅猛的原因是缘于一个价值连城的创意，而这个创意正是他想出来的。

这个例子说明，生命中确实有人在这种精神方法的引导下获得了成功，确实有人可以做到自身与无限精神的合二为一。他能够利用它为自己工作，把思维灵感应用于商业。他在这种“无限的能量”中领悟到自己的全部需求，他用思维中独特的创造力打造了自己理想中的模式。同样，如果我们每天处于对这个理念的研究之中，就会从所接触到的一个个典型事例和典型人物的身上感受到这种神奇的“无限力量”。

不要拘泥于“无限”这样的词汇，这并非将人神化或将人的品格或意志无休止地夸大，我只是想告诉你们，当你用最灵敏的智慧去倾听无限的意义时，“无限”本身就会为你带来“无限的力量”。精神与你的客观行为会得到前所未有的和谐统一。当我们对自己的能力充满自信，并在创造性思想的指引下运用我们的精神时，我们就拥有了这种“无限的力量”。

也许会有人怀疑这种“无限力量”，为何如此有力并且如此容易地作用于客观物质世界。事实上在与“无限能量”的接轨中，一定要与它运行的法则完全一致而和谐，否则一个最小的失误也会导致你满盘皆输。

“无限能量”只赋予那些能够经受得住考验的人。